HÉLITON DIEGO LAU

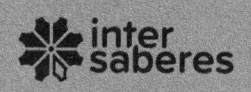

inter
saberes

LEITURA E COMPREENSÃO DE GÊNEROS DISCURSIVOS

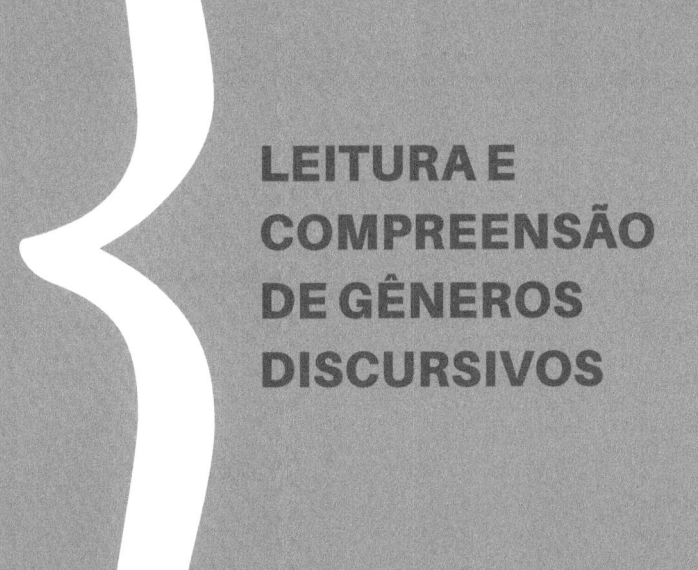

2024

inter saberes

Rua Clara Vendramin, 58 • Mossunguê • CEP 81200-170 • Curitiba • PR • Brasil
Fone: (41) 2106-4210 • www.intersaberes.com • editora@intersaberes.com

Dr. Alexandre Coutinho Pagliarini;
Dr.ª Elena Godoy; Dr. Neri dos Santos;
M.ª Maria Lúcia Prado Sabatella • conselho editorial

Lindsay Azambuja • editora-chefe

Ariadne Nunes Wenger • gerente editorial

Daniela Viroli Pereira Pinto • assistente editorial

Gilberto Girardello Filho • prepaparação de originais

Caroline Rabelo Gomes; Palavra do Editor • edição de texto

Luana Machado Amaro • design de capa
ArtKio/Shutterstock • imagem de capa

Raphael Bernadelli • projeto gráfico

Regiane Rosa • diagramação

Charles L. da Silva • Designer responsável

Regina Claudia Cruz Prestes; Sandra Lopis da Silveira • iconografia

---

Dados Internacionais de Catalogação na Publicação (CIP)
(Câmara Brasileira do Livro, SP, Brasil)

Lau, Héliton Diego
   Leitura e compreensão de gêneros discursivos / Héliton Diego Lau. Curitiba, PR : InterSaberes, 2024.

   Bibliografia.
   ISBN 978-85-227-1559-6

   1. Análise do discurso 2. Gêneros textuais 3. Leitura 4. Letramento digital 5. Língua e linguagem I. Título.

24-221211   CDD-401.41

Índices para catálogo sistemático:
Textos : Leitura : Linguística   401.41

Cibele Maria Dias – Bibliotecária – CRB-8/9427

1ª edição, 2024.

Foi feito o depósito legal.

Informamos que é de inteira responsabilidade do autor a emissão de conceitos.

Nenhuma parte desta publicação poderá ser reproduzida por qualquer meio ou forma sem a prévia autorização da Editora InterSaberes.

A violação dos direitos autorais é crime estabelecido na Lei n. 9.610/1998 e punido pelo art. 184 do Código Penal.

sumário

apresentação, xi

como aproveitar ao máximo este livro, xiv

        um A leitura, 17

      dois A relação com o texto, 57

       três A linguagem, 89

  quatro Os gêneros discursivos, 131

   cinco As práticas sociais, 157

    seis A era digital, 195

considerações finais, 227

referências, 229

bibliografia comentada, 239

respostas, 243

sobre o autor, 245

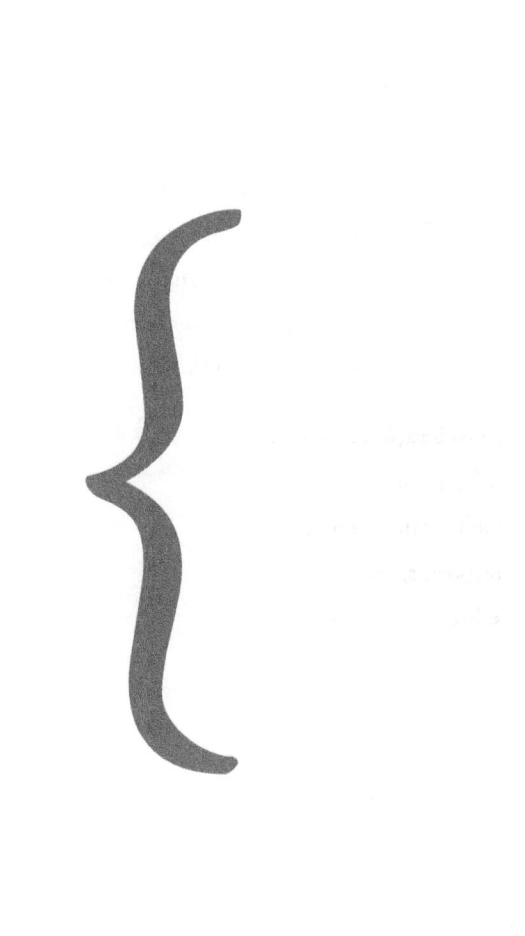

{

À minha mãe, Jucemara Lau (in memoriam),
cujo empenho em me educar sempre veio em
primeiro lugar. Aqui estão os resultados dos seus
esforços. Com muita gratidão.

À minha avó, Maria Zeni Lau (in memoriam),
cuja presença foi essencial na minha vida.

A Douglas Franco, pelo amor, pela compreensão
e pelo incentivo contínuo na busca por
novos desafios.

{

A dúvida é o princípio da sabedoria.

Aristóteles

{

apresentação

No mundo contemporâneo, em que a comunicação desempenha um papel central, compreender a linguagem em sua plenitude é essencial. Diante disso, este livro surgiu da necessidade de proporcionar uma abordagem abrangente e atualizada acerca do universo da leitura e da escrita, reconhecendo a primeira como uma atividade transformadora e a segunda como uma expressão singular da humanidade.

O objetivo central desta obra consiste em explorar a leitura e a escrita como processos ativos e interativos que dependem diretamente do leitor para a construção de significados. Assim, em vez de encararmos a leitura como mera decodificação de símbolos, propomos uma visão que valoriza a participação ativa do leitor, promovendo uma jornada enriquecedora e reflexiva.

Dividido em seis capítulos, o livro aborda temas que vão desde a natureza da leitura até as transformações possibilitadas pela era digital.

O Capítulo 1, "A leitura", introduz uma abordagem ativa da leitura, convidando o leitor a se envolver ativamente na construção de significados. O texto apresenta a definição contemporânea de *leitura*, a origem da palavra *ler*, os princípios da semiótica e a interação entre o leitor, o texto e o autor.

Já o Capítulo 2, "A relação com o texto", trata da importância da leitura em nossa vida, destacando-a como uma aventura pelo universo das letras. Também explora a arte da escrita, a interpretação crítica e criativa dos textos e os sentidos literal e figurado das palavras, além de discutir o papel transformador da linguagem na educação.

Por sua vez, o Capítulo 3, "A linguagem", enfoca a complexidade da linguagem humana, abordando sua origem, seu funcionamento e suas transformações. Ainda, discute a diferença entre linguagem e língua, as formas verbais e não verbais de linguagem, a argumentação, a escrita e o conceito de letramento.

Em seguida, o Capítulo 4, "Gêneros discursivos", examina a diversidade de gêneros textuais ao longo da história, desde sua concepção, na Antiguidade, até sua aplicação contemporânea, bem como analisa as categorizações de gêneros por diferentes teóricos e trata das habilidades de resumir textos, resenhar e fichar informações.

O Capítulo 5, "Práticas sociais", versa sobre a linguagem como fenômeno social e dialógico, fundamentando-se nas teorias de Bakhtin (1981, 1997) e Saussure (2006). O texto do capítulo explora o diálogo como princípio da comunicação humana, debate a teoria dos gêneros discursivos e enfatiza a importância do contexto na produção e na interpretação da linguagem.

Finalizando a obra, o Capítulo 6, "A era digital", aborda a interação entre a linguagem e a tecnologia na era digital, além de discutir o letramento digital, o hipertexto, o e-mail, o *blog* e o *podcast* como novas formas de expressão e comunicação na sociedade contemporânea.

Esperamos que este livro seja uma fonte de aprendizado e descobertas e que contribua para o enriquecimento intelectual e profissional dos leitores.

como aproveitar ao máximo este livro

Empregamos nesta obra recursos que visam enriquecer seu aprendizado, facilitar a compreensão dos conteúdos e tornar a leitura mais dinâmica. Conheça a seguir cada uma dessas ferramentas e saiba como estão distribuídas no decorrer deste livro para bem aproveitá-las.

INTRODUÇÃO DO CAPÍTULO
Logo na abertura do capítulo, informamos os temas de estudo e os objetivos de aprendizagem que serão nele abrangidos, fazendo considerações preliminares sobre as temáticas em foco.

IMPORTANTE!
Algumas das informações centrais para a compreensão da obra aparecem nesta seção. Aproveite para refletir sobre os conteúdos apresentados.

Curiosidade

Nestes boxes, apresentamos informações complementares e interessantes relacionadas aos assuntos expostos no capítulo.

Indicações culturais

Para ampliar seu repertório, indicamos conteúdos de diferentes naturezas que ensejam a reflexão sobre os assuntos estudados e contribuem para seu processo de aprendizagem.

Síntese

Ao final de cada capítulo, relacionamos as principais informações nele abordadas a fim de que você avalie as conclusões a que chegou, confirmando-as ou redefinindo-as.

Atividades de autoavaliação
Apresentamos estas questões objetivas para que você verifique o grau de assimilação dos conceitos examinados, motivando-se a progredir em seus estudos.

Atividades de aprendizagem
Aqui apresentamos questões que aproximam conhecimentos teóricos e práticos a fim de que você analise criticamente determinado assunto.

Bibliografia comentada
Nesta seção, comentamos algumas obras de referência para o estudo dos temas examinados ao longo do livro.

um	**A leitura**
dois	A relação com o texto
três	A linguagem
quatro	Os gêneros discursivos
cinco	As práticas sociais
seis	A era digital

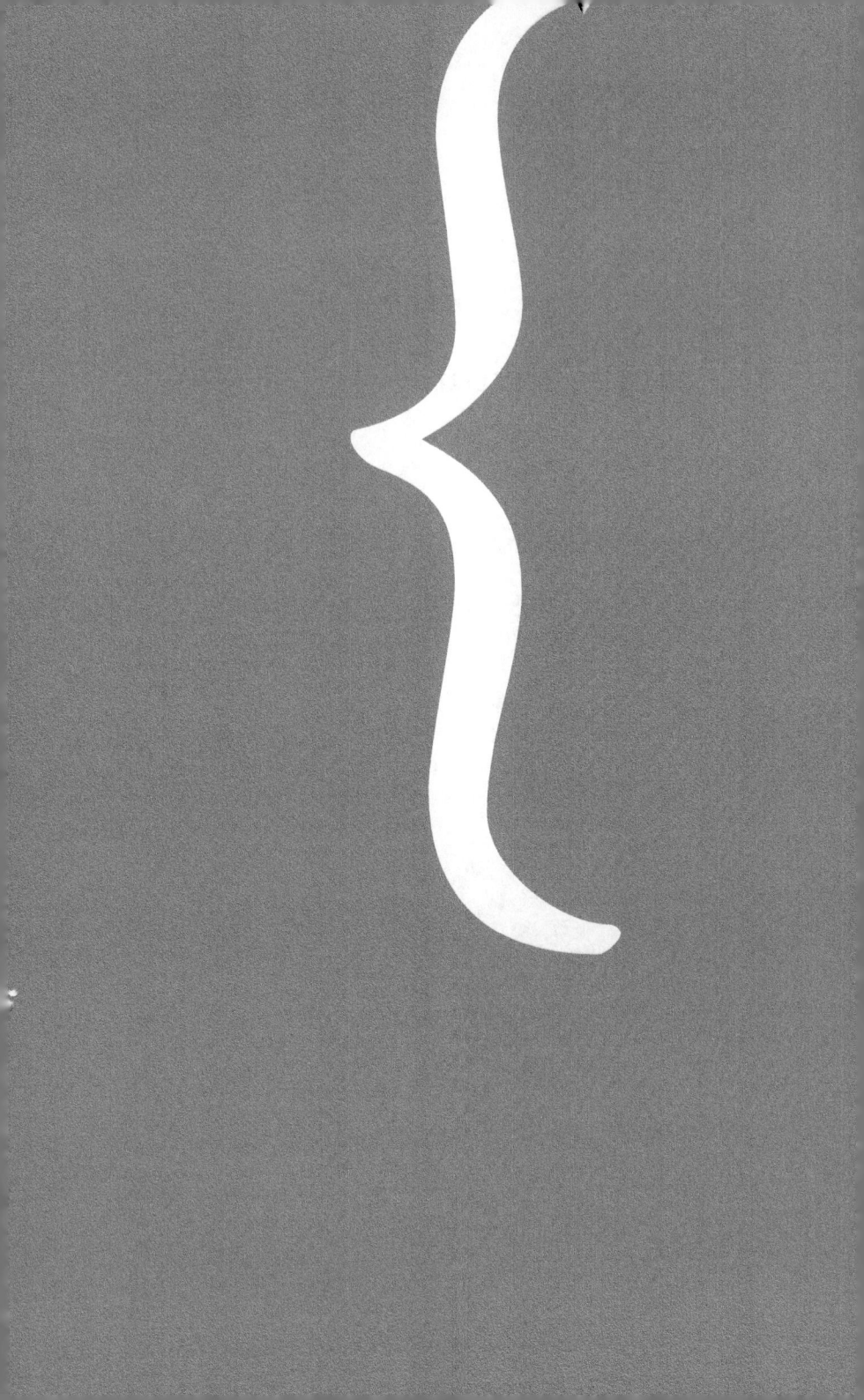

❰ VOCÊ JÁ SE perguntou como a leitura pode ser uma experiência transformadora? Norteados por esse questionamento, queremos convidá-lo a conhecer uma abordagem diferente da leitura, que não a vê como um processo passivo de decodificação de símbolos gráficos, mas como um processo interativo de construção de sentidos. Neste capítulo, vamos mostrar como você, leitor, é um participante ativo na leitura, que dialoga com o texto e com o autor, trazendo suas vivências, seus conhecimentos, suas inferências e suas expectativas.

Para isso, vamos:

+ apresentar a definição contemporânea de *leitura*;
+ analisar a origem da palavra *ler* e seu significado no contexto atual;
+ explorar a semiótica, uma ciência que estuda os signos; e

- discutir o texto como um objeto cultural, observando suas características físicas e sua interação com a percepção e a interpretação do leitor.

Por fim, ao abordar uma visão ampla e interdisciplinar sobre o ato de ler, este capítulo visa não apenas informar, mas também inspirá-lo a se engajar ativamente na construção de significados, transformando a leitura em uma jornada enriquecedora e reflexiva.

umpontoum
Leitura: atividade multifacetada

Não é mais possível pensar a leitura como um processo em que buscamos revelar o conteúdo do texto, como se ele fosse transparente, ou seja, como se a informação estivesse no texto. Nesse caso, o leitor teria um papel secundário, e sua função seria apenas decifrar letras, palavras e frases para acessar a informação. Essa visão de leitura é criticada por Santos-Théo (2003, p. 1), que assim a define: "ler é um conhecimento baseado principalmente na habilidade de memorizar determinados sinais gráficos (as letras)". Diante disso, neste capítulo, vamos propor outra forma de entender a leitura, em que o leitor é um participante ativo, interagindo com o texto e construindo sentidos a partir dele.

Em vez de aceitar a ideia de que a informação está toda no texto, pensemos a leitura como um processo interativo do qual o leitor participa ativamente e em que suas experiências de vida são tão relevantes quanto os dados do texto. Nessa forma de leitura, valorizamos o papel do leitor, pois ele é quem cria o significado do texto, trazendo para essa atividade uma série de informações e ideias, conhecimentos de mundo e inferências. Coracini (1995, p. 14) afirma que, nessa leitura "vista como interação entre os componentes do ato da comunicação escrita, o leitor, portador de esquemas (mentais) socialmente adquiridos acionaria seus conhecimentos prévios e os confrontaria com os dados do texto, 'construindo', assim, o sentido".

Em meados do século XX, Jauss (1981) propôs a teoria da **estética da recepção**, que tinha como objetivo estudar a história da literatura. O teórico discordava das concepções da escola positivista ou idealista para a construção de uma história literária, pois acreditava que elas não se baseavam em estudos históricos e estéticos, criando, então, um abismo entre a literatura e a história.

Dessa forma, Jauss (1994) se contrapunha ao pensamento marxista e formalista da crítica sociológica, à nova crítica, ao formalismo russo e ao estruturalismo. Ao questionar a teoria literária marxista, o estudioso defendia que seus adeptos entendem o texto literário como produto dos fenômenos sociais. Esse modo impediria a emissão de uma avaliação sobre uma obra literária pelo fato de ela expressar apenas a estrutura social e não a estética. Além disso, a perspectiva marxista considera o leitor como elemento da estrutura social retratada na ficção.

Existem diferentes formas de abordar um texto literário. Para os formalistas, o texto literário basta por si só, isto é, não necessita de qualquer elemento externo para ser interpretado. Isso significa que não importa o contexto histórico ou a vida do autor, mas apenas a relação entre os elementos internos do texto. A esse respeito, Jauss (1994) afirma que, ao se desvincular da história, a arte se tornou um objetivo em si mesma e, ao mesmo tempo, fez da crítica de arte um método racional, que gerou resultados de valor científico duradouro. Em outras palavras, o leitor é alguém que, seguindo as pistas do texto, é capaz de distinguir e compreender a forma e o modo de escrever do autor.

Você já pensou sobre o modo como o fato literário é concebido por diferentes teorias? Segundo Jauss (1994), a obra literária é histórica, e sua interpretação depende da interação entre o leitor e o texto. Os adeptos da estética da recepção valorizam a dimensão da leitura e do efeito, o que é ignorado pelas outras duas teorias, as quais focam somente a representação e a produção.

Podemos concordar que os estudos de Jauss (1981, 1994) são importantes para entendermos o fato literário, não é mesmo? O escritor e crítico literário alemão acredita que não basta analisar as obras e seus autores; é preciso analisar também seus leitores. Nessa ótica, o leitor é o foco de investigação, na medida em que exerce um papel fundamental tanto na dimensão estética quanto na história da obra literária. Ou seja, o leitor é aquele para quem o autor escreve e dedica sua obra.

Com base no exposto, você já se perguntou como o texto muda de acordo com as diferentes leituras que ele recebe? De acordo com a teoria da estética da recepção, o texto é um objeto dinâmico, que se transforma a cada nova leitura, a qual é feita de uma forma única. Isso acontece porque a obra literária não é algo fixo, que mostra sempre a mesma coisa para todos os leitores em todas as épocas. Em outras palavras, ela não é um monumento que expressa tão somente seu ser eterno. Ela é, antes, como uma música que se renova a cada vez que é tocada, libertando o texto das palavras e dando-lhe uma vida atual.

Desse modo, afirmamos que o texto literário não é apenas uma forma estética, mas também uma expressão social. A literatura seria, então, um sistema formado pela interação entre produção, recepção e comunicação, isto é, pela relação entre autor, obra e leitor.

Quando lemos uma obra literária, nós nos deparamos com um horizonte de expectativas que pode ser atendido ou frustrado pelo texto. Isso depende de como você, leitor, se relaciona com o texto, levando em conta seu conhecimento prévio acerca do gênero, da estrutura, do tema e da linguagem da obra. O texto só ganha sentido quando há uma interação entre você e ele, baseada em suas expectativas e referências. Tal interação corresponde a um diálogo estabelecido no momento da leitura. Logo, podemos afirmar que a estética da recepção se fundamenta no conceito de expectativas, ou seja, na forma como o texto se apresenta esteticamente para quem o lê. Por essa razão, a leitura é uma prática que exige do leitor uma abertura a novas possibilidades, sem preconceitos e com disposição para aprender.

Ingarden (1965, p. 47), outro estudioso da estética da recepção, também destaca a questão dos atos de produzir e de ler, os quais, para ele, acontecem pela relação entre o escritor e o leitor, considerando-se "pontos de indeterminação e de esquemas potenciais de impressões sensoriais". Tais esquemas fazem parte da obra, que se torna um objeto estético para o leitor a partir do trabalho do escritor.

Iser (1979) também trata dos esquemas como criações do leitor, que preenche os espaços de sentido deixados pelo texto. É uma conversa que acontece entre texto e leitor. Quando lemos, ativamos nossas referências e nossos horizontes históricos, os quais podem ou não ser diferentes dos do texto. Dessa maneira, para que o leitor e o texto se entendam, é necessário unir os conhecimentos pessoais aos que o texto traz.

Nesse contexto, a leitura envolve um processo cognitivo e social em que o fluxo de informação provém do texto e do leitor. Basta pensar, por exemplo, que, ao ler, você cria expectativas sobre o texto com base no que você já sabe e no que o texto mostra, confirmando ou não suas previsões. Em um modelo interacional, o sentido não está só no texto ou na mente do leitor, mas é construído pela interação entre o leitor e o autor, por meio do texto.

Quando lemos um texto, temos a possibilidade de transformar nossa consciência, desenvolvendo nosso senso crítico e adentrando no universo da leitura. Ao encontrarmos o sentido do texto, que se constrói e se conecta com outros textos, somos convidados a mudar nossa realidade, em um processo que está em constante mudança. Sob essa perspectiva, Santos-Théo (2003) afirma que a leitura contribui para formar pessoas que se comunicam, que olham para o futuro, que valorizam o planejamento e que respeitam os princípios técnicos e científicos. São sujeitos assim que possibilitam um maior e mais eficiente progresso social, pois participam das ações coletivas de melhoria e transformação social.

Com base nessa reflexão, concluímos que não precisamos necessariamente aceitar o mundo tal como ele é e que podemos desafiá-lo mediante uma ação transformadora e humanizadora como leitores.

umpontodois
Tipos de leitura

A palavra *ler*, base do processo de *leitura*, vem do verbo latino *legere*, que significa "passar os olhos" (pelo que está escrito), dizendo ou não as palavras, mas compreendendo-as (Ler, 2024). Nessa mesma direção, podemos citar a definição dos Parâmetros Curriculares Nacionais de Língua Portuguesa:

> A leitura é um processo no qual o leitor realiza um trabalho ativo de construção do significado do texto, a partir dos seus objetivos, do seu conhecimento sobre o assunto [...]. Não se trata simplesmente de extrair informação da escrita, decodificando-a letra por letra, palavra por palavra. Trata-se de uma atividade que implica, necessariamente, compreensão na qual os sentidos começam a ser construídos antes da leitura propriamente dita. (Brasil, 2001, p. 53)

Também podemos nos apoiar no que consta na Base Nacional Comum Curricular (BNCC), que abrange uma concepção ampliada que vai além dos textos escritos. Ela engloba a interpretação de imagens estáticas, como fotografias, pinturas, desenhos, esquemas, gráficos e diagramas, bem como de conteúdos dinâmicos, incluindo filmes e vídeos. Além disso, abarca a audição de sons e músicas que, frequentemente, complementam e conferem significado adicional a diversos gêneros digitais (Brasil, 2018). Assim, podemos definir que a leitura se refere ao processo de compreender o texto e, para a sua realização, recorremos a estratégias de leitura.

> Importante!
>
> De acordo com o Dicionário Houaiss de Língua Portuguesa, a palavra *estratégia* diz respeito ao conjunto de propósitos, objetivos ou orientações para alcançar os resultados pretendidos para determinada situação (Estratégia, 2001). Essa concepção tem a ver com a escolha de uma direção ou de um caminho que se deseja seguir. Assim, **estratégias de leitura** são os meios ou as técnicas que os leitores usam para obter a informação ou, ainda, os procedimentos e as atividades selecionadas para facilitar o processo de compreensão da leitura.

Considerando o exposto, compreendemos que o leitor precisa "dominar as habilidades de decodificação e aprender as distintas estratégias que levam à compreensão. [...] Também se supõe seja um processador ativo do texto" (Solé, 1998, p. 24).

Com base no pensamento de Solé (1998), vamos analisar a primeira estratégia de leitura sugerida, que é a **leitura crítica**.

1.2.1 Leitura crítica

Quando lemos um texto, precisamos entender o que o autor quis dizer com suas palavras. Mas não basta apenas entender; também temos de questionar e avaliar os argumentos que ele usou e as evidências que ele apresentou para sustentar seus pontos de vista. Ademais, como leitores, devemos ser capazes de formar e defender nossas próprias opiniões sobre o texto e seus argumentos. A respeito disso, Kleiman (1996, p. 92) afirma que

> perceber a estrutura do texto é chegar até o esqueleto, que basicamente, é o mesmo para cada tipo textual. Processar o texto é perceber o exterior, as diferenças individuais superficiais; perceber a intenção, ou melhor, atribuir uma intenção ao autor, é chegar ao íntimo, à personalidade, através da interação.

Um texto não é apenas um conjunto de palavras, mas uma forma de expressar uma visão de mundo. Por isso, quando lemos um texto, não podemos nos limitar a entender o que está escrito; também é nosso dever questionar e avaliar o que está implícito, ou seja, nas entrelinhas. Nesse sentido, precisamos estabelecer um diálogo com o autor, respondendo e desafiando seus argumentos.

Nesse sentido, Coelho (2000, p. 39) destaca que a leitura crítica é a "capacidade de reflexão em maior profundidade, podendo ir mais fundo no texto e atingir a visão de mundo ali presente". Ler, portanto, é uma atividade complexa e dinâmica, que envolve vários aspectos, como podemos ver na Figura 1.1.

Figura 1.1 – **Pressuposições das atividades da leitura**

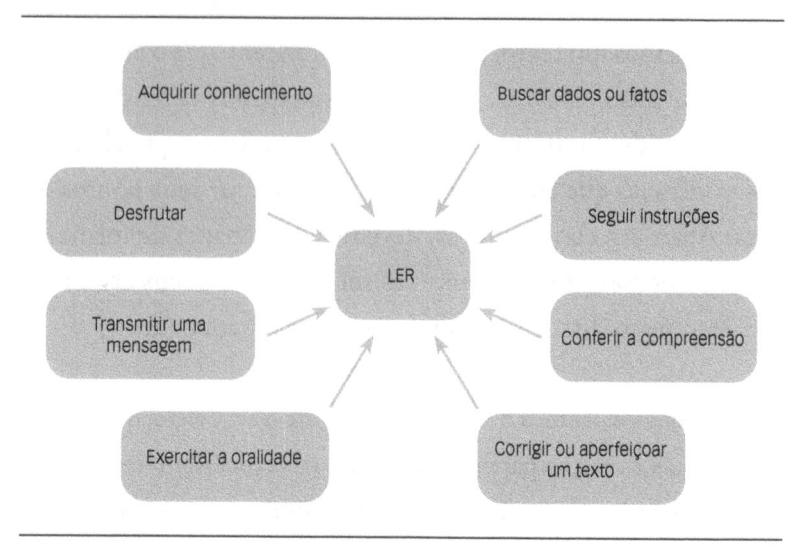

```
        Adquirir conhecimento              Buscar dados ou fatos

   Desfrutar                                      Seguir instruções

                              LER

   Transmitir uma                                 Conferir a compreensão
   mensagem

        Exercitar a oralidade         Corrigir ou aperfeiçoar
                                              um texto
```

Quando lemos dessa forma, entendemos que a linguagem não serve apenas para expressar o que pensamos, mas também para interagir com os outros, ou seja, para informar, persuadir, questionar, entre outras ações, que dependem de como usamos a linguagem sobre o leitor.

Esse modo de interagir com a linguagem é o que a escola deveria estimular, por se tratar de um espaço privilegiado de leitura. Assim, essa concepção de linguagem favorece o aprimoramento de diversas competências linguísticas, ajudando o indivíduo/aluno a utilizar a língua de modo eficaz. Mas, para que isso aconteça, em primeiro lugar, o educador deve oferecer aos estudantes várias atividades relacionadas à leitura, tais como:

- identificar o problema central que cada capítulo ou seção aborda;

- reconhecer conceitos e suas definições que estão presentes nas diferentes partes do texto;
- tirar conclusões;
- distinguir trechos ambíguos e falaciosos;
- apontar evidências;
- separar opiniões que o texto expressa sobre determinado tema/assunto;
- inferir questões/problemas que surgem ao longo do texto;
- analisar implicações relevantes dos argumentos apresentados no texto;
- relacionar o texto com outros textos.

Para uma leitura crítica, é essencial que os alunos sejam capazes de construir significados que ultrapassem o sentido literal do texto. Nessa ótica, vale lembrar o que afirmou Foucambert (1994, p. 30): "ser leitor é querer saber o que se passa na cabeça do outro, para compreender melhor o que se passa na nossa. [...] Ao mesmo tempo, implica o sentimento de pertencer a uma comunidade de preocupações que, mais que um destinatário, nos faz interlocutor daquilo que o autor produziu".

Isso nos leva a afirmar que somos leitores críticos quando conseguimos ler o explícito – o que está claro nas palavras do texto –, mas também quando somos capazes de ir além, sabendo fazer a leitura adequada do que está subentendido, bem como indicar razões (julgar), notar as intenções do texto (inferências), reconhecer as causas e os efeitos dos fatos abordados no texto e chegar a conclusões. Podemos dizer, então, que "ler é compreender e que compreender é, sobretudo, um processo de construção de significados sobre o texto que pretendemos compreender" (Solé, 1998, p. 44).

Quando lemos de forma crítica, questionamos o que o texto nos diz. Isso significa que nos envolvemos com ele, que conseguimos lê-lo e entendê-lo, seja sozinhos, seja com a ajuda de outros leitores mais experientes. A leitura crítica é aquela que "realizamos enquanto leitores experientes e nos motiva, é a leitura na qual nós mesmos mandamos: relendo, parando para saboreá-la ou para refletir sobre ela, pulando parágrafos [...] uma leitura íntima, e por isso, individual" (Solé, 1998, p. 43).

O leitor que está nesse nível tem criticidade, já sabe dialogar com o texto; é, portanto, um leitor crítico. Em outras palavras, é preciso pensar e compreender o que o texto fala e as estratégias que ele utiliza para atrair o leitor. Isso exige uma escolha, ou seja, concordar ou discordar do que o texto apresenta. Segundo Coelho (2000, p. 40), "o convívio do leitor crítico com o texto literário deve extrapolar a mera fruição de prazer ou emoção e deve provocá-lo para penetrar no mecanismo da leitura".

Para ler um texto com uma postura crítica, precisamos ativar vários conhecimentos que já temos sobre leitura. Primeiramente, temos de observar, entre outros aspectos:

- como o texto se organiza para defender uma ideia – nesse caso, trata-se de fazer um estudo para identificar qual é o tipo de texto;
- se as evidências que o texto apresenta como "fatos" são verdadeiras e confiáveis;

- de que modo o texto usa as estratégias para convencer o leitor – aqui, precisamos analisar o uso da linguagem que mexe com as emoções;
- como o texto escolhe a linguagem, as palavras e os sentidos, pois o autor tem muitas opções para escrever.

Ler textos significa recorrer a vários tipos de conhecimento. Kleiman (1989) aponta os conhecimentos da língua, do texto e do mundo, essenciais para que entendamos o que o texto quer dizer.

> **Importante!**
>
> O domínio da língua envolve o vocabulário e as formas de construir as frases; o domínio do texto abrange os gêneros e as formas de organizar textos; e o domínio do mundo remete ao saber acumulado ao longo da existência (Kleiman, 1989).

Para entendermos um texto, temos de utilizar os três aspectos recomendados pela autora (Kleiman, 1989), os quais nos ajudam a fazer inferências e compreender o que está implícito, ativando pistas que nos permitem interpretar o texto, preenchendo suas lacunas e conferindo-lhe vários sentidos. Dito de outra forma, ler é um processo no qual "o leitor é um sujeito ativo que processa o texto e lhe proporciona seus conhecimentos, experiências e esquemas prévios" (Solé, 1998, p. 18).

Quando lemos um texto, queremos entender as ideias que ele contém e, também, avaliar e questionar os argumentos e as evidências que ele apresenta. Para fazermos esse tipo de leitura, precisamos desenvolver habilidades que nos tornem capazes de interagir de forma eficiente com diferentes tipos de texto, bem como de relacionar o passado e o presente. Por isso, sugerimos que você, leitor, sempre procure fazer suas leituras de modo a ir além da simples decodificação de sílabas ou palavras isoladas, ou seja, considerando as etapas de decodificação, compreensão, interpretação e retenção, as quais detalhamos a seguir.

A primeira etapa, denominada decodificação, consiste em uma leitura rápida, que deve ser feita mais de uma vez no mesmo texto. É nesse momento que você deve anotar as palavras que não conhece para buscar seu significado em um dicionário ou recorrer a um sinônimo, a fim de avançar para a próxima etapa da leitura, a compreensão.

A compreensão se refere ao sentido do texto lido. Nesse processo, você quer saber do que o texto fala e que tipo de texto é, além de fazer considerações sobre a intenção do autor e de tentar resumir em duas ou três frases a essência do que está lendo. Ainda nessa etapa, é possível encontrar as respostas para seus questionamentos por meio das pistas deixadas pelo autor e das inferências que você faz ao ler. Segundo Kleiman (1996, p. 25), "essencial à compreensão é o conhecimento que o leitor tem sobre o assunto que lhe permite fazer as inferências necessárias para relacionar diferentes partes do texto num todo coerente".

Na terceira etapa, a da interpretação, queremos interpretar uma sequência de ideias ou acontecimentos que podem estar explícitos ou implícitos. Uma boa interpretação nos permite dar sentidos ao texto, os quais dependem de nós. Nesse momento, fazemos o texto falar e, mesmo que ele tenha limites para possíveis interpretações, somos nós que o reconstituímos, ligando os significados à nossa condição de sujeitos históricos e culturais.

A última etapa é a retenção, na qual guardamos as informações que levantamos nos três momentos anteriores. Assim, podemos fazer analogias e comparações, bem como reconhecer o sentido de linguagens figuradas e o que está nas entrelinhas. Nessa concepção, pensamos sobre a importância do que lemos e estabelecemos um paralelo com nosso dia a dia, aprendendo a fazer nossas próprias críticas. Porém, ressaltamos que a habilidade de reter o texto pressupõe o processo das etapas de leitura sem mudar a ordem, já que, primeiramente, nós decodificamos, depois compreendemos, interpretamos e, por fim, retemos as informações. Todo esse processo faz grande diferença na atividade de leitura, especialmente no contexto de sala de aula.

No ambiente escolar, as etapas de leitura devem ser seguidas pelos alunos, podendo ser usadas como metodologia para a realização de atividades. Trata-se, assim, de um trabalho do professor mediador que leva os estudantes a refletir, levantar hipóteses e se informar sobre o conteúdo do texto. Essa é a base para uma preparação da aprendizagem de leitura e que também serve para formar leitores pensantes e críticos, que sabem resolver problemas e se posicionar diante dos textos. De acordo com Kleiman (1996, p. 11), "conhecendo o professor e as características e dimensões do ato de ler, menores serão as possibilidades de propor tarefas que trivializam a atividade de ler, ou que limitem o potencial do leitor de engajar suas capacidades intelectuais". Desse modo, o estudante pode ser atraído para o bom hábito da leitura e, consequentemente, para a produção textual.

1.2.2 Previsão/antecipação

Quando lemos ou escrevemos, estamos nos comunicando com outras pessoas que têm uma posição social, política, cultural e histórica. Os valores e as crenças desses sujeitos são refletidos no texto que produzem ou interpretam. Isso significa que ler e escrever são práticas sociais (Moita Lopes, 1989).

A linguagem que usamos nos textos tem um significado que depende do contexto no qual estamos inseridos. Por isso a arte literária é tão importante – ela nos ajuda a entender o mundo em que vivemos, a ver as coisas de diferentes perspectivas e a desenvolver nossa criatividade. Sob essa ótica, no contexto escolar, podemos aproveitar essa oportunidade para explorar diversas formas de leitura. Assim, antes de ler um texto, o professor pode conversar com os estudantes sobre o que eles esperam encontrar nele.

Uma das formas de facilitar a leitura é recorrer ao que já sabemos acerca do assunto para estabelecer conexões com o que vamos ler. Também é importante interagir com o texto, criando expectativas, previsões ou antecipações a respeito do que vai acontecer. Kleiman (1989, p. 11) explica que "o esforço para compreender o texto escrito mediante análise e segmentação é aquele que subjaz às estratégias de processamento do texto".

Quando fazemos previsões ou antecipações, estamos formulando hipóteses sobre o que pode ocorrer no texto. À medida que lemos, podemos confirmar ou não essas conjecturas. Caso sejam confirmadas, a informação do texto se integrará ao nosso conhecimento. Nesse sentido, a leitura é como um jogo, em que precisamos perceber as pistas fornecidas pelo texto e ativar o que já sabemos. Segundo Solé (1998), nesse processo, o leitor antecipa e verifica as previsões que o levam à compreensão textual.

As estratégias de que lançamos mão na leitura nos permitem analisar a estrutura e o sentido das palavras e do texto. Alguns conhecimentos que ativamos podem nos ajudar a fazer antecipações, tais como os aspectos linguísticos, o tema, o significado, a história e o conhecimento prévio. Dessa forma,

> o leitor utiliza na leitura o que ele já sabe, o conhecimento adquirido ao longo de sua vida. É mediante a interação de diversos níveis de conhecimento, como o conhecimento linguístico, o textual, o conhecimento de mundo, que o leitor consegue construir o sentido do texto. E porque o leitor utiliza justamente diversos níveis de conhecimento que interagem entre si, a leitura é considerada um processo interativo. Pode-se dizer com segurança que sem engajamento do conhecimento prévio do leitor não haverá compreensão. (Kleiman, 1989, p. 13)

Quando lemos um texto, não estamos apenas recebendo informações; também estamos interagindo com o autor, cuja visão de mundo pode ser diferente da nossa. O que sabemos sobre o assunto, o que vivemos e o que aprendemos com outras fontes influenciam a forma como entendemos o texto. Para Kleiman (1989), esses conhecimentos são do leitor, não do texto, e contribuem para esclarecer o que o autor quer dizer. Por essa razão, a leitura é uma atividade que envolve compreensão e interpretação.

Você já reparou que por vezes fazemos previsões acerca do que vai acontecer em um texto, especialmente se for uma história de suspense ou um romance policial? Solé (1998) afirma que isso não acontece somente com esses tipos de texto, e sim com qualquer um. Podemos fazer previsões sobre o título, o tema, o gênero, o estilo, o argumento etc. Para isso, "baseamo-nos na informação proporcionada pelo texto, naquela que podemos considerar contextual e em nosso conhecimento sobre a leitura, os textos e o mundo geral" (Solé, 1998, p. 25).

As ações de prever ou antecipar representam modos de imaginar o que pode ocorrer no texto e verificar se estamos certos ou não. Elas nos ajudam a melhor compreender o que estamos lendo, uma vez que, nesse processo, sempre buscamos atribuir sentido ao texto. Se não conseguimos compreender, é possível recorrer a outras estratégias, tais como reler, consultar um dicionário, perguntar a alguém etc. A leitura, desse modo, constitui um "processo constante de elaboração e verificação de previsões que levam à construção de uma interpretação" (Solé, 1998, p. 27).

Quando lemos uma história, não estamos apenas recebendo informações; também nos envolvemos com os personagens, que têm personalidades, sentimentos, objetivos e conflitos. O que sabemos sobre eles, o que imaginamos que eles façam e o que esperamos que eles consigam influenciam a maneira como entendemos a história.

Collins e Smith (1980) apontam algumas fontes de previsões que usamos para acompanhar uma narrativa:

+ As características que atribuímos aos personagens, sejam eles permanentes (bonito, sedutor, antipático) ou temporárias (contente, furioso, triste). Se um personagem é sedutor, achamos que ele vai conquistar alguém; se uma personagem fica furiosa, tememos que ela faça algo ruim.

- As situações em que os personagens se encontram. Se um personagem está eufórico, imaginamos que ele vai reagir de forma positiva a um problema; se está deprimido, pensamos que vai desanimar ainda mais.
- As relações que se estabelecem entre os personagens e os objetivos que eles têm. Se dois irmãos querem uma mesma herança, prevemos que eles vão brigar; se um casal se ama, esperamos que fiquem juntos.
- Os objetivos contraditórios que um personagem pode ter. Por exemplo, uma mãe que acabou de ter um bebê e recebe um convite para viajar em um cruzeiro que proíbe a entrada de crianças: ela quer ir, mas também quer ficar com o bebê. O que ela vai fazer?
- Uma mudança brusca de situação. O protagonista perde tudo ou ganha na loteria ou viaja para um lugar exótico. Como isso vai afetar a vida e a história desse personagem?

Essas são algumas maneiras de fazermos previsões acerca do que vai acontecer em uma história, com base no que sabemos e nas informações fornecidas pelo texto. Prever, nessa ótica, é uma forma de participar da história, de se envolver com ela, de tentar adivinhar o que o autor vai nos contar.

Considerando o contexto escolar, veja a seguir algumas dicas de como aplicar essa estratégia em sala de aula (Solé, 1998):

- Antes de ler um texto, o professor pode passar aos alunos uma ideia geral sobre ele, sem citar o conteúdo, mas indicando o tema, o gênero, o autor etc. Isso ajuda os estudantes a relacionar o texto ao que eles já sabem ou já leram.

- Durante a leitura, o professor pode ajudar os educandos a prestar atenção em alguns aspectos do texto que podem ativar seus conhecimentos prévios – o título, as ilustrações, os nomes dos personagens, os cenários etc. O professor pode perguntar aos alunos o que eles já sabem ou imaginam sobre o texto e incentivar a troca de ideias.
- Depois da leitura, o professor pode incentivar os estudantes a expor o que aprenderam com o texto, do que eles gostaram ou não, o que eles consideraram surpreendente ou previsível etc. Também é possível comparar as previsões feitas antes e durante a leitura com o que realmente foi exposto no texto e discutir, em grupo, as razões das diferenças ou das semelhanças.

Com estratégias como as recém-apresentadas, os estudantes podem se tornar leitores ativos que não apenas recebem a história, mas também interagem com ela, fazendo as próprias previsões, inferências e hipóteses. O professor, por sua vez, pode usá-las para ajudar os alunos a interpretar e compreender os textos de maneira competente, bem como a desenvolver o gosto pela leitura.

Quando lemos, não estamos apenas buscando informações, mas também refletindo sobre o que elas significam para nós e para o mundo. Nesse sentido, temos de nos colocar no lugar dos autores e dos leitores e entender como eles sentem a leitura e pensam sobre ela. A esse respeito, Solé (1998) apresenta seis aspectos que devem ser considerados em uma leitura crítica e produtiva, especialmente no contexto escolar:

I. Como os professores e os alunos veem a leitura? Como uma obrigação, um prazer, uma ferramenta, uma arte?
II. Como é possível utilizar a leitura na escola? Para aprender, informar, divertir ou para fazer tudo isso?
III. Qual é o objetivo da leitura para os alunos? Apenas tirar boas notas, ampliar vocabulário, conhecer novas ideias, inspirar-se?
IV. Como os professores avaliam a leitura? Por quantidade, qualidade, compreensão, interpretação?
V. Como envolver os estudantes na leitura? Dando ordens, fazendo perguntas, propondo desafios, sugerindo temas?
VI. Como preparar a leitura? Ler o texto previamente, pesquisar sobre o autor, ativar os conhecimentos prévios, explorar o gênero?

Conforme Solé (1998), tais reflexões são importantes para que o ensino e a aprendizagem da leitura sejam eficazes. Aprender a ler é uma das melhores coisas que podemos fazer na vida. Quando lemos bem, adquirimos conhecimentos, desenvolvemos raciocínios, participamos ativamente da vida social e ampliamos nossa visão do mundo, do outro e de nós mesmos. Para isso, precisamos entrar em contato com os textos ativamente, mediante estratégias como previsão e inferência, as quais nos permitem antecipar e verificar o que o texto vai nos dizer, usando o que já sabemos e o que o texto nos oferece.

Portanto, no ambiente escolar, essas estratégias devem ser ensinadas pelo professor, que deve orientar os estudantes a ativar seus conhecimentos prévios – ideias, hipóteses, visões de mundo e de linguagem sobre o assunto. Dessa maneira, recorrendo às noções que já têm, será mais natural chegarem a uma compreensão aprofundada do texto. Para que esse cenário se mostre viável, os Parâmetros Curriculares Nacionais de Língua Portuguesa orientam que é necessário "oferecer aos alunos inúmeras oportunidades de aprenderem a ler usando os procedimentos que os bons leitores utilizam. É preciso que antecipem, que façam inferências a partir do contexto ou do conhecimento prévio que possuem" (Brasil, 2001, p. 55).

1.2.3 Leitura pontual

É amplamente aceito que a leitura consiste em um processo que depende da forma como o leitor interage com o texto. Ou seja, envolve o uso de estratégias por meio das quais se destaquem elementos textuais importantes a fim de facilitar o entendimento. Uma dessas estratégias é a **leitura pontual**, que pode ser aplicada para identificar a informação presente no texto, isto é, trata-se de uma maneira de selecionar o que é essencial em relação ao que é secundário.

Tal estratégia pode ser utilizada para a realização de alguma atividade ou pesquisa de interesse pessoal com vistas a encontrar determinadas informações – a exemplo dos assuntos estudados nas diversas disciplinas escolares. Com esse propósito em mente, o estudante-leitor aumenta a confiança em si mesmo e se motiva a enfrentar desafios cada vez mais complexos. No ambiente escolar, é bastante importante conduzir as leituras com foco nesse objetivo.

A leitura pontual permite aos alunos avaliar o quanto entenderam do texto lido, o que ocorre por meio da identificação das partes compreendidas e não compreendidas. Esse processo requer a ajuda do professor ou, ainda, uma informação dada por outro estudante que tenha alcançado a compreensão total. Assim, depois da leitura individual, a história é recontada, a fim de ressaltar informações relevantes. Sob essa perspectiva, o processo de discussão é necessário, na medida em que contribui para o desenvolvimento de habilidades de comunicação e organização, com atenção especial para o vocabulário, para a identificação da ideia principal e para a socialização do conhecimento adquirido.

É possível afirmar que um leitor que usa a leitura pontual é capaz de realizar uma atividade com base nos próprios interesses. Isso porque, como mencionado, tal estratégia pode ser aplicada para um propósito específico, tal como estudar um texto/livro, fazer um trabalho de pesquisa, reescrever, estudar conteúdos para provas ou concursos, elaborar resenhas e sínteses etc.

Ademais, essa estratégia possibilita que o leitor ressalte aspectos importantes do texto e, com efeito, se aproprie deles, passando a conhecer o conteúdo textual por meio de tópicos listados. Nesse sentido, Citelli (1999, p. 49) esclarece que "ler (e escrever) não é apenas uma questão de domínio do sistema da língua, mas de participação no processo dialógico, interlocutivo, que permite a recuperação, atualização e realização de textos marcados pelas várias experiências culturais que nos circundam".

Sob essa perspectiva, o texto corresponde ao resultado da ação de unir partes para formar um todo, algo que não pode ser entendido como um processo pronto, terminado. Trata-se, assim, de um processo de interlocução que demanda uma relação entre leitor e texto, os quais interagem para a formação de um terceiro elemento, a compreensão.

Quando falamos sobre o ato de ler, podemos considerar também a necessidade da leitura com o propósito de encontrar algum dado ou alguma informação que nos interessa. Solé (1998, p. 93) argumenta que esse tipo de leitura se caracteriza por "ser muito seletiva, à medida que deixa de lado grande quantidade de informações como requisito para encontrar a necessária". Sob essa ótica, podemos entender a estratégia de leitura pontual como uma verdadeira aliada, principalmente se o texto é desconhecido ou, ainda, de difícil entendimento.

Outro aspecto relevante refere-se ao fato de o leitor procurar muitas informações no texto, guardando-as de tal forma que, eventualmente, chegará aos limites da capacidade da memória. Aqui, novamente reforçamos a importância da estratégia da leitura pontual, por ser relevante e eficaz: lê-se porque é necessário, sendo preciso, também, verificar a própria compreensão. Tal estratégia de leitura é importante porque ajuda crianças, jovens e adultos a aprimorar suas habilidades e se acostumar gradualmente com um conteúdo específico. Em outras palavras, significa revelar o texto na visão da leitura pontual e usá-la para poder acessar novos conteúdos de aprendizagem nas várias áreas do conhecimento.

Fazemos a leitura pontual quando queremos localizar alguma informação que nos interessa. Nas palavras de Solé (1998, p. 93), "o ensino da leitura para obter informação precisa requer o ensino de algumas estratégias, sem as quais este objetivo não será atingido". Trata-se de uma leitura que busca dados importantes e ignora outros. Um exemplo dessa leitura é a consulta em jornais ou *sites* para obter outras informações sobre um filme e saber em que cinema e horário ele será exibido.

umpontotrês
Semiótica

Você já pensou nos elementos que envolvem nossa comunicação com outras pessoas? Para estabelecermos essa relação, utilizamos os signos, que correspondem a tudo o que usamos para representar alguma coisa que não se faz presente.

Por exemplo, quando você vê a palavra *gato* escrita em um pedaço de papel, você sabe que ela representa um animal de quatro patas, que tem bigodes e mia. A palavra *gato* é o significante, e o animal que ele representa é denominado significado. A junção do significante com o significado é o que chamamos de signo. A área que se ocupa do estudo dos signos é a semiótica (Barros, 2011b).

A semiótica é uma ciência que nos ajuda a entender como criamos sentido com os signos. Não somente as palavras são signos; também o são as imagens, os sons, os gestos, as cores etc. Cada signo pode ter um sentido diferente, dependendo de como ele se relaciona com o que ele representa e com os outros signos (Merrell, 2012).

Peirce (1991) foi um dos primeiros a classificar os signos em três tipos, de acordo com as relações que eles têm com o significado, a saber: convencional, causal e de semelhança.

Um signo é um **símbolo** quando não tem uma relação direta com o que ele representa, isto é, a associação se dá apenas por convenção. Por exemplo, a palavra *gato* é um símbolo porque nada tem a ver com o animal, mas concordamos em usá-la para representá-lo (Figura 1.2).

Figura 1.2 – Relação convencional: símbolo

Por sua vez, um signo é um **índice** quando tem uma relação causal ou motivada com o que ele representa. Por exemplo, o miado é um índice, porque é produzido pelo gato e nos indica sua presença.

Por fim, um signo é um **ícone** quando tem uma relação de semelhança com o que ele representa. Por exemplo, as silhuetas de um cachorro e de um gato são ícones porque imitam a aparência desses animais (Figura 1.3).

Figura 1.3 – Relação de semelhança: ícone

Morris (2011) nos ajuda a entender como nos comunicamos com os signos, que, como mencionamos, são tudo aquilo que utilizamos para representar alguma coisa, como palavras, imagens, gestos e sons. Porém, eles não funcionam sozinhos, ou seja, os signos se relacionam entre si e com o que representam. Por exemplo, quando você vê uma placa de trânsito com a palavra *pare*, você sabe que deve parar o carro, porque há uma relação entre o signo "pare" e o objeto que ele representa, isto é, a ação de parar. Chamamos isso de **relação semântica**.

Ademais, você sabe que essa placa tem uma forma octogonal e uma cor vermelha, elementos correspondentes a outros signos que reforçam o sentido de "parar". Essa relação entre os signos é chamada de **relação sintática**.

Você também sabe que a placa em questão foi colocada no lugar em que você a avistou por alguém responsável por regular o trânsito com o intuito de evitar a ocorrência de acidentes e, ainda, que é mandatório obedecer a essa regra, pois há uma relação entre os signos, os objetos e os usuários. Tal relação é denominada **relação pragmática**. A semiótica é a ciência que estuda todas essas relações.

Figura 1.4 – Relações semântica, sintática e pragmática

[Imagem: placa de trânsito "PARE" — Thalissa Silva dos Santos/Shutterstock]

Quando nos comunicamos, usamos os signos para produzir sentidos, e estes podem ter efeitos sobre a realidade e também sobre as outras pessoas. Por vezes, utilizamos os signos para tentar influenciar ou manipular o outro, mediante estratégias como a tentação, a intimidação, a sedução ou a provocação, conforme apresentamos no Quadro 1.1.

Quadro 1.1 – Tipos de manipulação

Tentação	Se você comer, ganha um doce.
Intimidação	Se você não comer, não vai assistir ao jogo.
Sedução	Servi uma comida deliciosa para você no seu prato.
Provocação	Duvido que você consiga comer toda a comida que pus no seu prato.

FONTE: Elaborado com base em Fiorin, 2013, p. 31.

Você percebe como em cada uma dessas frases os signos são usados de forma diferente para tentar convencer o sujeito a comer?

Para nos comunicarmos, além das palavras, também utilizamos outros signos, como imagens, gestos, roupas, carros, aquilo que comemos e bebemos etc. Cada um desses signos pode ter um significado diferente, a depender do contexto e da cultura em que estamos inseridos. Por exemplo, o *ketchup* da marca Heinz (Figura 1.5) é um signo que pode representar um alimento saboroso, mas também um alimento saudável, se for associado a um tomate fresco.

Figura 1.5 – Ketchup Heinz

A embalagem do produto está sobre um fundo vermelho, que remete à cor do tomate maduro, para transmitir a ideia de que o *ketchup* da Heinz é tão saudável quanto um tomate recém-colhido da horta. O objetivo é seduzir o leitor a comprar o produto, o que ocorre por meio da utilização de signos que criam um sentido positivo.

umpontoquatro
O autor, o leitor e o texto

O texto, como um objeto cultural, tem uma existência física que pode ser indicada e definida – um romance, uma epopeia, um filme, um anúncio, um conto ou uma música – e dirige-se ao olhar, à consciência e à interpretação do leitor. Nesse sentido em que oferece uma proposta de significação, o texto é, nas palavras de Barthes (1973, p. 82),

> um tecido sempre tomado por um produto, um véu todo acabado, por trás do qual se mantém, mais ou menos oculto, o sentido, nós acentuados no tecido, a ideia gerativa de que o texto se faz, se trabalha através de um entrelaçamento perpétuo; perdido nesse tecido – nessa textura – o sujeito se desfaz nele, qual uma aranha que se dissolvesse ela mesma nas secreções construtivas de sua teia.

O sentido de *rede*, conforme empregado por Barthes (1973), pode ser compreendido como um conjunto de termos em constante relação com outros, em novas produções discursivas. O texto, sob essa concepção, é uma espécie de teia de linguagem que conecta o produto do trabalho literário a outros discursos. Nesse aspecto, o texto encontra no leitor uma experiência que se abre a múltiplas possibilidades e que estabelece conexões com o mundo de significados sempre em crescimento.

Barthes (1973) valoriza a atividade de leitura e acrescenta significados em um sistema sempre maior e em expansão. Em *O prazer do texto*, o autor destaca seu trabalho de análise em uma dinâmica de atração leitor *versus* texto, principalmente no sentido de que este transforma o leitor em cativo e em trabalhador do que lê. "É prazeroso ler", afirma o teórico (Barthes, 1973, p. 35), como podemos depreender de sua descrição da relação entre o texto e seu leitor: "É assim que tenho os meus melhores pensamentos, que invento melhor o que é necessário para o meu trabalho. O mesmo sucede com o texto: ele produz em mim o melhor prazer se consegue fazer-se ouvir indiretamente" (Barthes, 1973, p. 35).

Em seu raciocínio, Barthes (1973) possibilita novos caminhos de leitura, que adicionam outros significados aos já conhecidos, ou seja, transformam o leitor em outro autor ou produtor de texto. Isso significa dizer que "o texto me escolheu, através de toda uma disposição de telas invisíveis, de chicanas seletivas: o vocabulário, as referências, a legibilidade" (Barthes, 1973, p. 38).

Ainda de acordo com Barthes (1973), o texto só existe a partir de sua leitura, e esta não consiste em mera aceitação, mas em um processo no qual o leitor ativa mecanismos que criam significados. Ao entrar em contato com o texto, o leitor recupera seu conhecimento linguístico e ideológico, seus interesses e suas opiniões, seus conhecimentos prévios de mundo, enfim, seu universo individual, que é diferente de um indivíduo para outro. Todos esses elementos centrados no sujeito leitor influenciam o diálogo com o texto, de forma a determinar o tipo de leitura que será feita. Observe como Kleiman (1989, p. 25) explica essa relação:

A ativação do conhecimento prévio é, então, essencial à compreensão, pois é o conhecimento que o leitor tem sobre o assunto que lhe permite fazer inferências necessárias para relacionar diferentes partes discretas do texto num todo coerente. Este tipo de inferência, que se dá como decorrência do conhecimento de mundo e que é motivado pelos itens lexicais no texto, é um processo inconsciente do leitor proficiente.

Em outras palavras, para que a interação com o texto seja favorável, é preciso que o leitor participe ativamente do processo de leitura, de modo a negociar o significado com o texto.

Essa construção de sentidos é adequada de acordo com as expectativas de determinado grupo de leitores em seu cotidiano, pois o mesmo objeto pode ser entendido sob diversos aspectos, havendo, portanto, um constante jogo de interação nas atividades de leitura. Por sua criticidade, o leitor organiza o texto e lida com ele pelo sentido que cria e pela tomada de posição diante dele. Nessa perspectiva, a leitura possibilita a reflexão e a recriação, ou seja, um caminho que se abre à existência do ser humano para que, nessa relação com o texto, sejam construídos possíveis e novos sentidos.

No processo de interação entre autor, texto e leitor, os sentidos são constituídos e se adaptam a cada leitura de maneira múltipla. Pela interpretação, o leitor se entende no mundo e passa a existir e ganhar personalidade à maneira que descobre e vivencia os sentidos mediados por esse mundo.

Síntese

Quadro 1.2 – Síntese dos conteúdos do capítulo

Leitura como atividade interativa	Recusa da visão de leitura como mero deciframento passivo.
	Proposta de leitura como processo interativo, em que o leitor é um participante ativo na construção de significados.
Impacto da leitura na transformação pessoal e social	Leitura como ferramenta para a transformação e o desenvolvimento do senso crítico.
	Contribuição para a formação de indivíduos comunicativos, orientados para o futuro e respeitosos aos princípios técnicos e científicos.
Leitura crítica	Além da compreensão, abrange a necessidade de questionar e avaliar argumentos e evidências.
	Percepção da estrutura do texto e compreensão do que está nas entrelinhas.
Previsão/ Antecipação	Leitura como prática social, explorando diferentes perspectivas e contextos.
	Importância de fazer previsões ou antecipações antes da leitura, para melhor compreensão.
Leitura pontual	Estratégia de identificação de informações essenciais para atividades escolares ou pesquisas.

(continua)

(Quadro 1.2 – conclusão)

Leitura pontual	Desenvolvimento da confiança do leitor e motivação para enfrentar desafios.
Semiótica	Uso de signos na comunicação para entender a criação de sentido por meio de palavras, imagens, sons, gestos etc.
Relação entre autor, leitor e texto	O texto como objeto cultural que se dirige à consciência do leitor.
	Valorização da atividade de leitura e transformação do leitor em produtor de significados.
	Texto como gerador de significados em um sistema de expansão.

Atividades de autoavaliação

1. Qual é a visão de leitura criticada por Santos-Théo (2003)?
    a. A leitura é um processo em que buscamos revelar o conteúdo do texto, como se ele fosse transparente.
    b. A leitura é um processo interativo, em que o leitor é um participante ativo e suas experiências de vida são relevantes.
    c. A leitura é um conhecimento baseado principalmente na habilidade de memorizar determinados sinais gráficos (as letras).
    d. A leitura é uma interação entre os componentes do ato da comunicação escrita, em que o leitor aciona seus conhecimentos prévios e os confronta com os dados do texto.
    e. A leitura é uma atividade que valoriza o papel do leitor, pois ele é quem cria o significado do texto, trazendo informações e ideias, conhecimentos de mundo e inferências.

2. De acordo com Coelho (2000), o que significa ser um leitor crítico?
   a. Significa extrapolar a mera fruição de prazer ou emoção e penetrar no mecanismo da leitura.
   b. Significa perceber a estrutura do texto e atribuir uma intenção ao autor, chegando ao seu íntimo.
   c. Significa reler, parar para saborear ou refletir sobre o texto, pulando parágrafos, fazendo uma leitura íntima e individual.
   d. Significa recorrer a vários tipos de conhecimento, como os da língua, do texto e do mundo, para entender o que o texto quer dizer.
   e. Significa questionar o que o texto está dizendo, envolver-se com o texto, entender e formar a própria opinião sobre ele.

3. O que significa dizer que ler e escrever são práticas sociais, segundo Moita Lopes (1989)?
   a. São formas de usar a linguagem que dependem do contexto em que estamos inseridos e que nos ajudam a entender o mundo em que vivemos, a ver as coisas de diferentes perspectivas e a desenvolver nossa criatividade.
   b. São formas de se comunicar com outras pessoas que têm uma posição social, política, cultural e histórica e que refletem seus valores e suas crenças nos textos que produzem ou interpretam.
   c. São formas de interagir com o texto, criando expectativas, previsões ou antecipações sobre o que vai acontecer e formulando hipóteses que podem ser confirmadas ou não à medida que lemos.
   d. São formas de analisar a estrutura e o sentido das palavras e do texto, ativando alguns conhecimentos que podem nos ajudar a fazer antecipações, como os aspectos linguísticos, o tema, o significado, a história e o conhecimento prévio.

e. São formas de interagir com o autor, o qual tem uma visão de mundo que pode ser diferente da nossa e que influencia a forma como entendemos o texto, envolvendo compreensão e interpretação.

4. De acordo com Peirce (1991), qual é o tipo de signo que tem relação de semelhança com o que ele representa?
   a. Símbolo.
   b. Índice.
   c. Ícone.
   d. Sintagma.
   e. Paradigma.

5. Qual é a metáfora que Barthes (1973) usa para descrever o texto e o leitor?
   a. O texto é um prazer, e o leitor é um cativo.
   b. O texto é uma rede, e o leitor é um conectado.
   c. O texto é um véu, e o leitor é um descobridor.
   d. O texto é um produto, e o leitor é um consumidor.
   e. O texto é um tecido, e o leitor é uma aranha.

Atividades de aprendizagem

Questões para reflexão

1. Como você usa a leitura pontual em sua vida acadêmica ou profissional? Dê exemplos de situações em que essa estratégia é/foi útil para você.

2. Pense em uma história que você leu recentemente e sobre a qual tenha feito previsões acerca do que iria acontecer. De que modo você usou as fontes de previsões mencionadas no texto? Quais foram suas previsões e como estas se confirmaram ou não? Em que medida isso afetou sua compreensão e seu interesse pela história?

Atividade aplicada: prática

1. Considerando os estudos da semiótica vistos aqui, assista ao filme *Barbie* (2023) e faça uma breve análise com base nos signos encontrados. Para auxiliar nessa análise, veja a que foi produzida pelo canal Teoliterias:

ANÁLISE semiótica do filme Barbie (2023). Teoliterias, 1º ago. 2023. Disponível em: <https://bit.ly/42fQuh7>. Acesso em: 30 jan. 2024.

Depois de assistir ao filme e à análise, estabeleça um comparativo com a sua própria análise semiótica.

um A leitura
dois A relação com o texto
três A linguagem
quatro Os gêneros discursivos
cinco As práticas sociais
seis A era digital

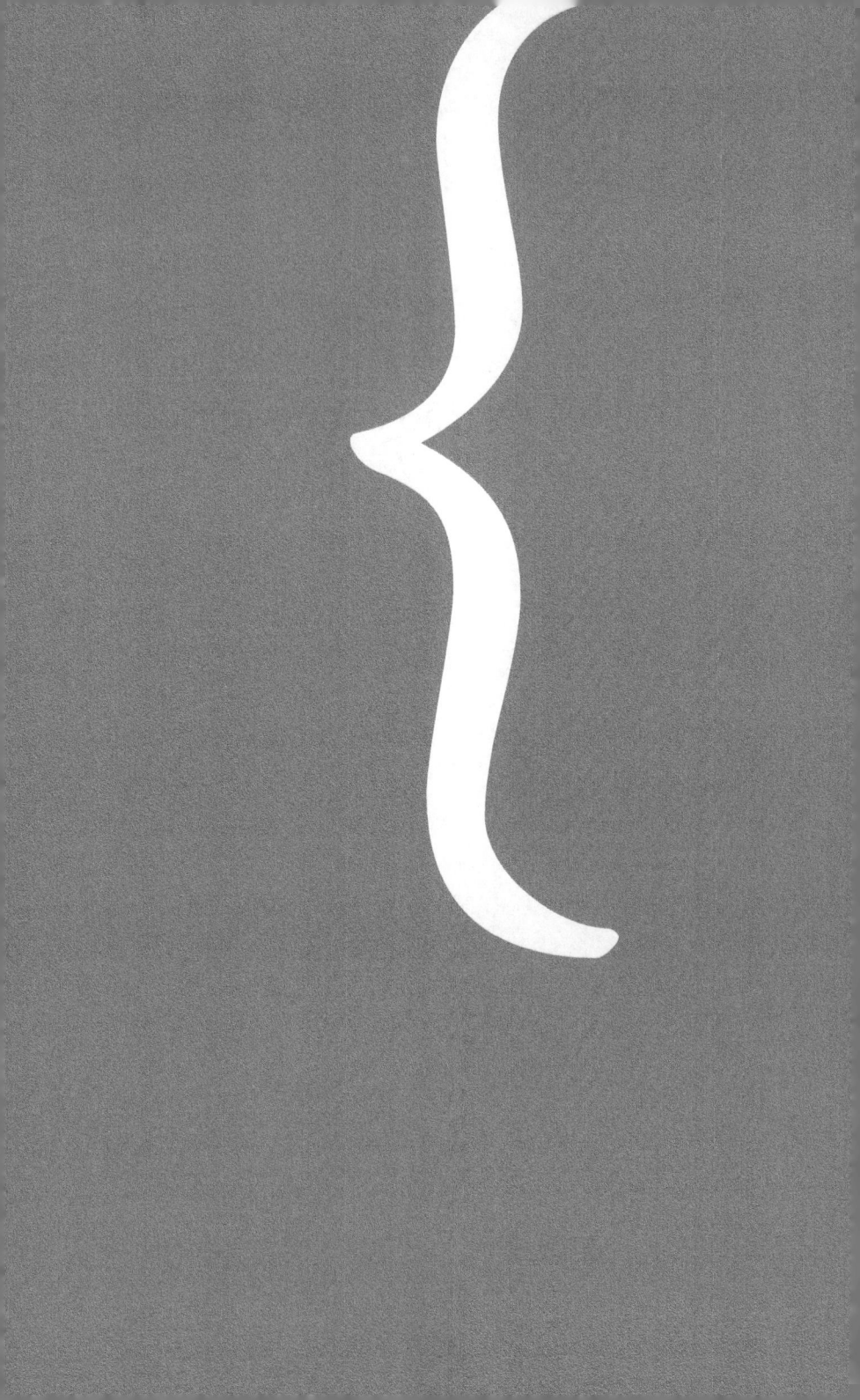

QUAL É A importância da leitura para a sua vida? Considerando esse questionamento, neste capítulo, propomos uma aventura pelo universo das letras, desvendando as riquezas da linguagem. Aqui, você vai:

- compreender a arte da escrita e a importância da literatura como expressão singular do ser humano;
- explorar as diferentes dimensões da leitura, de forma a poder interpretar os textos de forma crítica e criativa;
- descobrir os sentidos literal e figurado das palavras e o modo como estas se transformam nas mãos dos escritores;
- reconhecer a polissemia, a polifonia e o caráter dialógico dos textos literários;
- discutir o papel transformador da linguagem na educação.

Por fim, você perceberá que, mais do que um ato solitário, ler é uma aventura coletiva de descobertas e transformações.

doispontoum
Como se aprende a ler

Você é uma pessoa que gosta de ler? Sabemos que a leitura é uma atividade muito importante no mundo de hoje. Ao longo de nossa vida, ela nos ajuda a pensar criticamente, a formar hábitos e a desenvolver a capacidade de raciocinar. Ademais, ela colabora para que possamos entender o mundo e viver melhor (Lajolo, 1982).

Quando lemos, ativamos mecanismos de organização e de estrutura que fazem parte do texto. Mas a atividade de leitura não envolve meramente a ação formal de decodificar o texto; ela é também uma atividade reflexiva, de experiência de vida, de construção de uma visão de mundo.

A literatura, forma de arte e de expressão do ser humano, do mundo e das relações existenciais, é uma fonte de mistério, enigma e fascínio. Essa arte é uma criação individual que nasce do trabalho do escritor e, geralmente, aborda temas ligados à sociedade, à cultura e aos conflitos do ser humano.

É pela literatura que podemos "viajar" nas páginas do tempo e conversar com pessoas de épocas diferentes. É na leitura do texto literário que entramos em contato com o ambiente, a civilização, a mitologia, o conhecimento e o imaginário que se formam pela literatura, porque o escritor mostra a época em que ele viveu. A literatura, portanto, é a arte da escrita, que constitui um conhecimento pessoal e que também revela a vida social e a cultura de um povo nos diferentes momentos da história.

A literatura é essencial para o ser humano, pois essa atividade estimula a criatividade, atua sobre a mente e gera reflexões acerca dos fatos da vida, ajudando o leitor a lidar com medos, anseios, sonhos e frustrações, de modo a enriquecer sua própria experiência de vida.

No contexto educacional, de modo geral, queremos estimular a reflexão sobre a busca de propostas do ensino de literatura, com o objetivo de oferecer subsídios para que crianças, jovens e adolescentes se relacionem com a leitura com mais entusiasmo, satisfação, interesse e alegria (prática atualmente em baixa entre eles). Nessa perspectiva, precisamos prestar atenção no fato de que grande parte dos estudantes do ensino fundamental e do ensino médio não gostam de leitura – há os que até rejeitam esse ato. Essa constatação – cientes de que estamos lidando com a literatura e de que ela passa, necessariamente, pelo ato de ler – deve nos levar a repensar a prática pedagógica no que diz respeito às atividades literárias no ambiente escolar, buscando a aplicação de estratégias diversificadas.

No atual panorama da educação, temos de conquistar os estudantes e fazer deles leitores conscientes em relação às obras da literatura brasileira e universal. Quando falamos em leitores conscientes, também nos referimos à ideia de estudantes mais humanizados. Nesse sentido, consideramos pertinentes as palavras de Cândido (1995, p. 249), ao comentar a literatura como um fator importante de humanização:

> Entendo aqui por humanização [...] o processo que confirma no homem aqueles traços que reputamos essenciais, como o exercício

da reflexão, a aquisição do saber, a boa disposição para com o próximo, o afinamento das emoções, a capacidade de penetrar nos problemas da vida, o senso da beleza, a percepção da complexidade do mundo e dos seres, o cultivo do humor. A literatura desenvolve em nós a quota de humanidade na medida em que nos torna mais compreensivos e abertos para a natureza, a sociedade, o semelhante.

Você quer se tornar um leitor mais capaz e consciente da literatura? A literatura é uma forma de arte e de expressão do ser humano, do mundo e das relações existenciais, que usa a linguagem de maneira criativa e original. Para se apropriar da literatura, não basta apenas ler poesia, drama ou narrativas; é preciso vivenciar esses gêneros textuais por meio da experiência da leitura e da escrita. Essa experiência se caracteriza pelo contato efetivo com o texto. Só assim você poderá experimentar a sensação de estranhamento que o texto literário, pelo uso incomum da linguagem, provoca.

Por sua vez, nessa interação de leitura, você, estimulado, contribui com a sua própria visão de mundo. Por meio dessa experiência, que se constrói a partir da troca de significados, é possível ampliar os horizontes, questionar o texto literário, encontrar sua sensibilidade, refletir, ou seja, adquirir um tipo de conhecimento que, objetivamente, não pode ser medido.

O prazer da leitura passa, então, a ser comparado com o conhecimento, a participação e a formação humana. É importante compreender a leitura como um processo ativo. Ao ler o texto, você constrói o significado. É como se você e o texto entrassem em um diálogo, em que o objetivo final é a comunicação, e esta só se faz pela interação.

Esse conceito de diálogo é apresentado por Bakhtin (1981), que destaca a linguagem em dois princípios: o interdiscurso, que se refere ao diálogo entre os diferentes discursos, e a alteridade, que diz respeito à interação entre o "eu" e o "outro".

> O diálogo, no sentido estrito do termo, não constitui, é claro, senão uma das formas, é verdade que das mais importantes, da interação verbal. Mas pode-se compreender a palavra 'diálogo' num sentido mais amplo, isto é, não apenas como a comunicação em voz alta, de pessoas colocadas face a face, mas toda comunicação verbal, de qualquer tipo que seja. (Bakhtin, 1981, p. 123)

A comunicação se dá pela ação recíproca entre os interlocutores, isto é, o leitor e o texto. Ao ler, você é um participante ativo no processo da leitura, sendo um sujeito ativo que constrói o próprio conhecimento, pela suas experiências cognitiva, cultural e linguística. Já o texto "não é um objeto, sendo, por essa razão, impossível eliminar ou neutralizar nele a segunda consciência, a consciência de quem toma conhecimento dele" (Bakhtin, 1997, p. 333). Dessa maneira, você confirma ou rejeita suas hipóteses e assimila a nova informação, ajustando-o àquela de que já dispõe.

Você sabe como sua experiência cultural influencia sua leitura? Sabemos que, quanto mais você conhece sobre o mundo, mais consegue ler de modo eficaz e aprender novas informações culturais. Essa forma de construir os sentidos está diretamente ligada às atividades discursivas e às práticas sociais das quais você participa ao longo de seu processo histórico de socialização.

As atividades discursivas podem ser compreendidas como as ações de enunciado que apresentam o assunto que é objeto da interlocução e orientam a interação. Para Bakhtin (1981), são essas formas de relação entre leitor e texto que definem os aspectos importantes do gênero discursivo, assim como o tema, a forma composicional e o estilo do texto ou discurso.

A prática de leitura representa um fenômeno social, ou seja, o trabalho realizado por meio da leitura e da produção de texto é muito mais que a mera decodificação de signos linguísticos. É um processo de construção de significado e atribuição de sentidos; uma atividade que ocorre no meio social através do processo histórico da humanização. Nesse sentido, o trabalho com a leitura e a escrita adquire o caráter sócio-histórico do diálogo. Já a linguagem é a forma como expressamos nosso conteúdo ou nosso sentido ideológico ou vivencial (Bakhtin, 1981). Desse modo, você constrói seu mundo e amplia seu entendimento.

Em uma interação entre você e o texto, cria-se um espaço de discursividade. Você e o autor se encontram e se definem nesse contexto de discurso individual, e o processo de leitura é feito a partir dessas condições de produção.

doispontodois
De que maneira se lê

Quando falamos sobre o texto, é importante destacar as reflexões sobre a leitura no que diz respeito à importância dela na formação do indivíduo, às possibilidades de organização e à interação entre o autor e o leitor que realiza leituras e releituras, ampliando a visão de mundo de quem as faz.

Nessa direção, de acordo com Orlandi (2000), a leitura, em seu sentido mais amplo, pode ser compreendida como atribuição de sentidos, pois as palavras transcendem seus limites de significação e alcançam novos espaços e novas possibilidades. O escritor seleciona e transforma as palavras para que gerem um efeito para além de sua significação objetiva, buscando aproximá-las do imaginário, explorando suas potencialidades linguísticas e manipulando-as nos níveis semântico, fonético e sintático.

Nessa visão, quando o autor de um texto específico utiliza o sentido literal, está usando o sentido básico e comum da palavra ou expressão, o qual pode ser compreendido sem ajuda do contexto. Ou seja, quando uma palavra ou enunciado se apresenta em seu verdadeiro sentido, adquire um valor denotativo. Por exemplo, em "O homem estava morrendo de fome", o sentido literal se constitui por entendermos que o homem estava morrendo porque não se alimentava.

O sentido figurado, por outro lado, refere-se ao uso das palavras ou expressões em situações particulares de uso, isto é, a palavra tem valor conotativo, pois seu significo é ampliado. Assim, dependendo do contexto em que é usada, ela sugere ideias que ultrapassam seu sentido básico. Por exemplo, em "O vento acariciava as espigas", a palavra *acariciava* está em sentido figurado, porque, nesse contexto, significa que o vento passava lentamente.

Como podemos perceber, o reino das palavras é rico, e elas são proferidas de maneira natural. No entanto, quanto ao sentido figurado, podem ultrapassar seus limites de significação e entrar em um espaço polissêmico. Observe essa questão no poema de Carlos Drummond de Andrade, a seguir.

Procura da poesia

Não faças versos sobre acontecimentos.
Não há criação nem morte perante a poesia.
Diante dela, a vida é um sol estático,
não aquece nem ilumina.
As afinidades, os aniversários, os incidentes pessoais não contam.
Não faças poesia com o corpo,
esse excelente, completo e confortável corpo, tão infenso à efusão lírica.

[...]

Penetra surdamente no reino das palavras.
Lá estão os poemas que esperam ser escritos.
[...]
Convive com teus poemas, antes de escrevê-los.
Tem paciência se obscuros. Calma, se te provocam.
Espera que cada um se realize e consume
com seu poder de palavra
e seu poder de silêncio.
[...]

FONTE: Andrade, 1971, p. 122-124.

Você já pensou sobre o que faz da poesia uma arte tão especial? Podemos aprender muito com o poeta, que nos mostra, em seu poema, como as palavras são misteriosas e fascinantes. Ele diz que elas têm mil faces e são secretas e que o escritor sabe lidar com essa linguagem tão diferente da comum. Drummond também nos sugere que o poeta tem o poder de criar e inventar, de abrir as portas para a imaginação. Nós, como leitores, podemos seguir esses caminhos e nos encantar com as possibilidades que a poesia nos oferece.

Mas de que modo o poeta faz isso? Como ele usa as palavras de uma forma tão mágica? Ele explora a riqueza da palavra em seu caráter polissêmico, ou seja, a capacidade de ter vários sentidos. Fazer poesia é dar um sentido novo e surpreendente às palavras, é aproximar-se delas, contemplá-las e lapidá-las. É isso que o poema de Drummond nos faz perceber.

E o que isso tem a ver com a leitura? A leitura é uma forma de lidar com a polissemia das palavras, de interpretar e compreender seus sentidos. Orlandi (2000, p. 7) afirma que "poderíamos fazer uma longa enumeração de sentidos que se podem atribuir à própria noção de leitura. E o que delimita esses sentidos é a ideia de interpretação e de compreensão".

A autora propõe uma perspectiva discursiva para refletirmos sobre a leitura, levando em conta alguns fatos importantes. Um deles é "pensar a produção de leitura e, logo, a possibilidade de encará-la como possível de ser trabalhada" (Orlandi, 2000, p. 8). Outro é considerar que a leitura e a escrita fazem parte do processo de construção do(s) sentido(s) e que o sujeito-leitor tem suas especificidades e sua história.

Orlandi (2000, p. 8) também observa que "tanto o sujeito quanto os sentidos são determinados histórica e ideologicamente" e que existem diferentes modos de leitura, os quais estão relacionados aos efeitos de leitura de cada época e segmento social.

Dessa maneira, podemos entender que a poesia e a leitura são atividades que nos desafiam a pensar sobre as palavras e seus sentidos e que nos permitem entrar em contato com a criatividade e a imaginação. Você concorda com essa ideia? Que tal experimentar ler e escrever mais poesia e ver o que isso pode fazer por você?

doispontotrês
Nossos leitores

Você já se perguntou por que os textos literários são tão especiais? Podemos descobrir isso ao analisarmos como eles atendem às expectativas do leitor, sob os pontos de vista polissêmico, polifônico e dialógico. A literatura é capaz de mostrar aspectos da realidade do ser humano, partindo do particular, com o objetivo de alcançar uma significação mais ampla.

> **IMPORTANTE!**
>
> Polissemia é um fenômeno linguístico em que uma palavra tem vários significados. Por exemplo, a palavra *mangueira* pode se referir tanto à árvore da manga quanto ao tubo de borracha usado para jogar água. O contexto determina qual significado é aplicado.
>
> Desenvolvido por Bakhtin (1981), o conceito de polifonia textual consiste em uma característica dos textos em que diversas vozes estão presentes, as quais podem ser personagens, referências ou obras dentro do próprio texto. Em romances polifônicos, diferentes personagens têm os próprios pontos de vista, vozes e

> comportamentos, criando uma teia de pensamentos e opiniões. As vozes não se anulam, mas se complementam.
>
> Também proposta por Bakhtin (1997), a dialogia se refere à interação textual entre diferentes enunciados. Nessa perspectiva, os textos não existem isoladamente; eles dialogam com outros textos. Tal diálogo ocorre não somente entre personagens, mas também entre obras, autores e contextos. Trata-se de um princípio fundamental da linguagem e que está presente tanto em textos monofônicos (com uma voz predominante) quanto em textos polifônicos.

A linguagem literária expressa uma visão típica da existência humana. Desse modo, o que importa não é somente o fato sobre o qual se escreve, mas também as formas como o ser humano pensa e sente esse fato.

Quando lemos um romance, um conto, uma crônica, vemos que o autor busca retratar o ser humano, o ambiente, suas alegrias, emoções e angústias. Assim, ele transforma a linguagem criando outra realidade, um universo de sua observação, criatividade e inventividade. Nesse sentido, o texto literário é a manifestação concreta e individual das ideias que circulam entre os indivíduos e apresenta determinadas características e especificidades.

O que diferencia o texto literário de outros tipos de texto é que ele oferece ao leitor uma variedade de sentidos possíveis, e não um sentido fixo e único como no caso de um texto informativo, por exemplo. Há três gêneros literários tradicionais:

1. **Lírico:** pode ser em verso ou em prosa. Seu conteúdo é subjetivo, expressando os sentimentos e as emoções do poeta, que reflete a si mesmo.
2. **Dramático:** pode ser literatura em poesia ou em prosa. Trata-se de um texto objetivo e impessoal, marcado pela presença de um narrador. Exemplos são as grandes epopeias, que narram os feitos heroicos de um povo, tais como *Ilíada* e *Odisseia*, de Homero; *Eneida*, de Virgílio; *Os lusíadas*, de Camões; e *A divina comédia*, de Dante Alighieri.
3. **Épico:** é manifestado em prosa e abrange as modalidades da narrativa de ficção. Segundo Coutinho (1978, p. 179),

> A ficção distingue-se da história e da biografia, por estas serem de fatos reais. A ficção é produto da imaginação criadora, embora, como toda a arte, suas raízes mergulhem na experiência humana. Mas o que a distingue das outras formas de narrativa é que ela é uma transfiguração ou transmutação da realidade, feita pelo espírito do artista, este imprevisível e inesgotável laboratório. A ficção não pretende fornecer um simples retrato da realidade, mas antes criar uma imagem da realidade, uma reinterpretação, uma revisão. É o espetáculo da vida através do olhar interpretativo do artista, a interpretação artística da realidade.

Você conhece os diferentes tipos de narrativa que existem na literatura? Podemos citar romances, novelas, contos, crônicas, anedotas, fábulas etc. Nessas modalidades, há representações da vida comum, de um mundo individualizado e particularizado, diferentemente do que se observa nas grandes narrativas épicas, que se caracterizam pela universalidade e pela representação de grandes heróis e deuses.

Não é fácil estabelecer limites ou definições precisas entre essas modalidades, mas existem características que distinguem cada forma narrativa. O conto, por exemplo, por ser uma narrativa curta, define-se por registrar um momento significativo na vida de um personagem. Nas palavras de Proença Filho (2003, p. 45): "o conto oferece uma amostra da vida através de um episódio, um flagrante ou instantâneo, um momento singular e representativo. Constitui-se de uma história curta, simples, com a economia de meios, concentração da ação, do tempo e do espaço".

O conto se caracteriza pelo foco narrativo centrado em um personagem ou no narrador. O conflito e a situação se desenvolvem por meio de situações breves. Essa narrativa condensa todos os elementos do romance, mas, ao contrário deste, cuja trama se dissolve na multiplicidade de ações, o conto exibe uma trama que se revela ao leitor de maneira mais rápida e surpreendente.

O modo como lemos um conto pode nos levar a ações superficiais quanto ao texto lido; este seria o primeiro nível de leitura, ou seja, aquele em que decodificamos as palavras do texto. Todavia, o processo de leitura pode ser complexo, pois permite uma análise acurada dos fatos.

Com relação aos diferentes níveis de leitura, Fiorin e Platão (2001) argumentam que o texto admite três planos distintos em sua estrutura. O primeiro é o superficial, no qual aparecem os significados concretos e diferentes. O segundo é o intermediário, em que são definidos os valores "com que os diferentes sujeitos entram em acordo ou desacordo" (Fiorin; Platão, 2001, p. 37).

O terceiro corresponde à estrutura profunda, em que se encontram os significados mais abstratos.

Isso significa dizer que ler é uma atividade que vai além da interpretação dos símbolos gráficos e dos códigos. Afinal, ler é retirar informações, é desenvolver hábitos que motivem essa atividade, é ampliar horizontes e compreender o mundo. Para isso, é necessário que o leitor mantenha um comportamento ativo em face da leitura.

doispontoquatro
O leitor e o texto

Você já parou para pensar na importância da leitura para o nosso desenvolvimento pessoal e social? Nós, como seres humanos, estamos constantemente lendo o mundo em que vivemos, buscando compreender a realidade que nos cerca e as palavras que a expressam. Como dizia Freire (1997), antes de lermos a palavra, nós lemos o mundo. E, ao fazermos isso, usamos a linguagem e a leitura crítica para perceber as relações entre o texto e o contexto.

Quando lemos um texto, entramos em um processo interativo que envolve texto, autor e leitor, no qual cada participante tem um papel fundamental. Você, como leitor, traz seus esquemas mentais e conhecimentos prévios e os confronta com os dados do texto, construindo, assim, o sentido (Coracini, 1995). Isso significa que a informação não está apenas no autor, no texto ou no leitor, mas na relação que se estabelece entre eles.

O autor, por sua vez, cria o texto para um suposto leitor, o qual representa uma "instância discursiva de que emana o texto, se mostra e se dilui nas leituras [...], deu-lhe uma significação, imaginou seus interlocutores, mas não domina sozinho o processo de leitura de seu leitor" (Geraldi, 2002, p. 20).

Nesse processo, você, como leitor, conhece o assunto, faz suposições e estabelece outras relações em decorrência "do conhecimento de mundo e que é motivado pelos itens lexicais no texto, é um processo inconsciente do leitor proficiente" (Kleiman, 1996, p. 25). Além disso, você atribui significações ao texto de acordo com sua forma de conceber o mundo. A leitura, então, é um processo capaz de "formar pessoas abertas ao intercâmbio, direcionadas ao futuro, dispostas a valorizar o planejamento e aceitar princípios técnicos e científicos" (Santos-Théo, 2003, p. 2).

De acordo com os objetivos e as atitudes dos leitores, segundo Santos-Théo (2003), podemos distinguir diferentes tipos de leitura, sendo os três principais a sensorial, a emocional e a intelectual.

A leitura sensorial é a primeira que fazemos de um livro, logo que o tomamos nas mãos e avaliamos seu aspecto, sentindo a textura, o peso e o formato. É um relacionamento com a escrita que desperta uma sensação tátil. Esse tipo de leitura corresponde à primeira etapa do processo de decodificação.

Já a leitura emocional é aquela que fazemos pela sensibilidade do contato com o conteúdo, que nos provoca sentimentos de prazer, entretenimento, rejeição, entre outros. Essa leitura não tem pretensões analíticas e se dá pelo prazer de ler e pelo gosto que essa atividade suscita. Conforme apontado por Santos-Théo

(2003), as leituras sensorial e emocional fornecem subsídios ao terceiro tipo, a intelectual.

Fazemos a leitura intelectual mediante um processo de análise que procura compreender a organização do texto, isto é, que "implica uma atitude crítica, voltada não só para a compreensão do 'conteúdo' do texto, mas principalmente ligada à investigação dos procedimentos de quem o produziu" (Santos-Théo, 2003, p. 9-10). Procedemos criticamente a fim de identificar traços que indicam as intenções de quem escreve e publica. Para Coracini (1995, p. 14), "o bom leitor é aquele que é capaz de percorrer as marcas deixadas pelo autor para chegar à formulação de suas ideias e intenções".

Você já se perguntou em que medida a ideologia influencia a criação literária? Como leitores críticos, somos capazes de perceber os momentos histórico, estético e estilístico em que o autor viveu e que marcaram sua obra. Quando lemos um texto literário, não aceitamos os fatos como verdades absolutas, mas os relativizamos e dialogamos com o autor, cruzando nossos conhecimentos com os dele. Essa é uma forma de leitura autônoma, que nos permite ler com proficiência, isto é, com a capacidade de utilizar nas práticas sociais as estratégias e os procedimentos que tornam o processo de interação com textos mais fluente e eficaz. Segundo Eagleton (2003, p. 116), o leitor crítico é mais afetado pela leitura de textos literários, pois ele tem a capacidade de estabelecer as relações adequadas:

> É eficiente em operar certas técnicas de crítica e reconhecer certas convenções literárias. [...] Tal leitor é "transformado" desde o início, e está pronto a arriscar-se a novas transformações, exatamente por

essa razão. Para ler "eficientemente" a literatura, devemos exercer certas capacidades críticas, que sempre são definidas de maneira problemática.

Como leitores críticos, temos a oportunidade de ler textos que já dominamos bem, em que já temos certa proficiência. Também reconhecemos a importância dos textos literários e dos valores estéticos e artísticos que eles expressam pelo uso da palavra escrita (Brasil, 2001).

Por isso, queremos que você também se torne um bom leitor, que saiba compreender e interpretar os textos que lê. Mas, para tanto, precisamos refletir sobre os objetivos da literatura no currículo escolar, que incluem, além do objetivo de transmitir informações, o de provocar reflexões. Como dizia Sartre (1948, p. 28), a leitura da literatura "é um perpétuo ensinamento", que nos faz descobrir, sensibilizar e humanizar. Assim, no ambiente educacional, temos de adotar uma postura diferente em relação à atividade de leitura, que valorize essa linguagem, cheia de vozes e sentidos, como uma forma de conhecer o mundo e a nós mesmos.

Além disso, devemos considerar os aspectos relativos à teia, isto é, ao fio condutor entre os textos que circulam em nossa sociedade. Em outras palavras, trata-se de entender como os textos se relacionam entre si, de que modo se referem, se inspiram, se contrapõem e se complementam.

doispontocinco
Formação do leitor

Você já parou para pensar na importância da leitura para a escrita? Sabemos que ler é muito mais do que apenas decodificar as palavras, uma vez que também envolve compreender, interpretar, criticar e criar sentidos. Por isso, para escrever bem, é preciso ler bem, e ler muito. Quanto mais lemos, mais ampliamos nosso repertório de leitura, ou seja, o conjunto de textos que conhecemos e que nos servem de referência e inspiração.

A leitura que nos ajuda a escrever melhor é aquela que nos leva a pensar, questionar, refletir e agir, que nos torna sujeitos ativos, críticos e criativos, capazes de transformar o mundo com nossas palavras. Essa é a leitura que nos forma como cidadãos e profissionais. Se você é um professor, ou pretende ser, sabe que, para a sua prática pedagógica, o trabalho com a linguagem é fundamental, pois por meio dela é possível reinventar a escola e modificar o meio social que circunda o espaço educacional.

É na escola que entramos em contato com textos que nos desafiam, que nos fazem pensar além do que é comum, que nos mostram outras realidades e possibilidades. São textos em que não se busca apenas vender, entreter, informar, mas dialogar, questionar, transformar.

A educação de qualidade é aquela que nos permite interagir com diferentes textos e autores, que nos faz mais críticos e conscientes, que nos habilita a tolerar pontos de vista distintos e a conviver com eles. É a educação que nos forma como leitores e escritores competentes, capazes de produzir textos qualificados e originais.

Consideramos que, nesse processo, a escola tem um papel fundamental, porque ela pode promover a boa leitura e a boa escrita, as quais representam as bases para o desenvolvimento de sujeitos pensantes e reflexivos. Isto é, a escola pode subverter o paradigma contemporâneo que valoriza mais a utilidade do que a criatividade, muitas vezes reduzindo os textos a meros instrumentos de uso comercial. É ela que pode promover a mudança dos valores culturais vigentes, que muitas vezes nos limitam e nos alienam.

Não podemos pensar que a leitura serve apenas para formar grandes escritores ou produtores de texto profissionais; ela serve também para criar práticas escolares que permitam aos estudantes conhecer e usar os diversos gêneros de leitura e de escrita que fazem parte de sua vida social.

Com base em uma visão de linguagem como interação, a leitura e a formação do leitor devem ser pensadas como parte de uma construção ativa de significados pelo sujeito, em um processo que se contrapõe à ideia tradicional de leitura como decodificação e silêncio – fatores que correspondem apenas a uma parte de um fenômeno complexo maior que a linguística aplicada busca explicar.

Você sabe o que é o processo de leitura e como ele se aplica ao ensino de língua materna? Podemos destacar, em primeiro lugar, sua relação íntima com o processo de escrita, que lhe é complementar: "é nesse contexto – considerando que o ensino deve ter como meta formar leitores que sejam também capazes de produzir textos coerentes, coesos, adequados e ortograficamente escritos – que a relação entre essas duas atividades deve ser compreendida" (Brasil, 2001, p. 52).

Tendo em vista a relação de proximidade entre a leitura e a escrita e o entendimento de que a formação de leitores competentes pode levar, ao mesmo tempo, à formação de produtores de textos eficientes – não no sentido de formar escritores profissionais, mas sujeitos capazes de escrever bem de acordo com o gênero textual e o contexto sociodiscursivo –, a leitura oferece ao produtor de textos um maior leque de referências, aumentando seu universo de intertextualidade e dando orientação para a sua escrita.

> Apesar de apresentada como dois sub-blocos, é necessário que se compreenda que a leitura e escrita são práticas complementares, fortemente relacionadas, que se modificam mutuamente no processo de letramento – a escrita transforma a fala (a constituição da "fala letrada") e a fala influencia a escrita (o aparecimento de "traços de oralidade" nos textos escritos). (Brasil, 2001, p. 53)

A leitura não é apenas um processo de reconhecer, de forma neutra, palavra por palavra e informações do texto escrito; em vez disso, trata-se de um trabalho de construção de significados que engloba variáveis como: as características de quem lê, o contexto autoral, o conhecimento que o leitor tem da temática proposta, as características em torno da língua – como o gênero discursivo no qual o texto é apresentado –, entre outras que fazem da leitura um processo ativo.

Os objetivos de Língua Portuguesa salientam também a necessidade de os cidadãos desenvolverem sua capacidade de compreender textos orais e escritos, de assumir a palavra e produzir textos, em situações de participação social. Ao propor que se ensine aos alunos o uso das diferentes formas de linguagem verbal (oral e escrita), busca-se o desenvolvimento da capacidade de atuação construtiva e transformadora. (Brasil, 2001, p. 46)

Você conhece a abordagem sociointeracional da leitura, que se baseia na proposta bakhtiniana de ensino de língua materna? Ela parte do princípio de que o trabalho escolar deve ser feito por meio dos gêneros do discurso, analisando-se o texto-discurso de forma a nele reconhecer a composição textual que mostra o papel dos interlocutores, o estilo do texto dado em suas características específicas e os conteúdos nele expressos.

Assim, no processo de construção intersubjetiva dos sentidos, os estudantes devem ser desafiados a identificar os conteúdos temáticos que aparecem em determinado gênero discursivo, apresentados no texto-enunciado, começando por estabelecer as relações grafêmicas e fonêmicas como forma de acesso à informação. De acordo com Rodrigues (2011, p. 174, grifo do original), "É flagrante que, se nossos alunos tiverem problemas de decodificação por não estarem inteiramente alfabetizados, nos defrontaremos com um primeiro obstáculo a ser superado: o **código alfabético** – por meio do qual o conteúdo temático é veiculado e se torna dizível no gênero discursivo".

Essa é a primeira dificuldade a ser superada quando se quer definir, com algum rigor, o processo de leitura, pois ele transcende a concepção de decodificação como simples decifração do código escrito ou quaisquer outras noções que o relacionem a habilidades de somente reconhecer e traduzir signos linguísticos, o que, em última análise, falha por ignorar a propriedade ativa do leitor de ir atribuindo significado ao que está lendo.

> Trata-se de uma atividade que implica, necessariamente, compreensão na qual os sentidos começam a ser constituídos antes da leitura propriamente dita. Qualquer leitor experiente que conseguir analisar sua própria leitura constatará que a decodificação é apenas um dos procedimentos que utiliza quando lê. (Brasil, 2001, p. 53)

Entendemos que a competência de leitura está associada ao uso de estratégias de acordo com a necessidade do leitor ativo, que, muito mais do que decodificar, vai ao texto testando suposições, escolhendo partes mais relevantes para o seu objetivo e valendo-se da capacidade de, antes de interpretar o lido de modo particular, perceber a intenção autoral presente no texto, bem como o que está implícito neste e o que pode se relacionar com outros textos.

Considerando o exposto, Abaurre, Pontara e Fadel (2002) propõem sete passos que, se seguidos, contribuem enormemente para um bom processo de leitura (Figura 2.1).

Figura 2.1 – SETE PASSOS PARA UMA LEITURA EFICIENTE

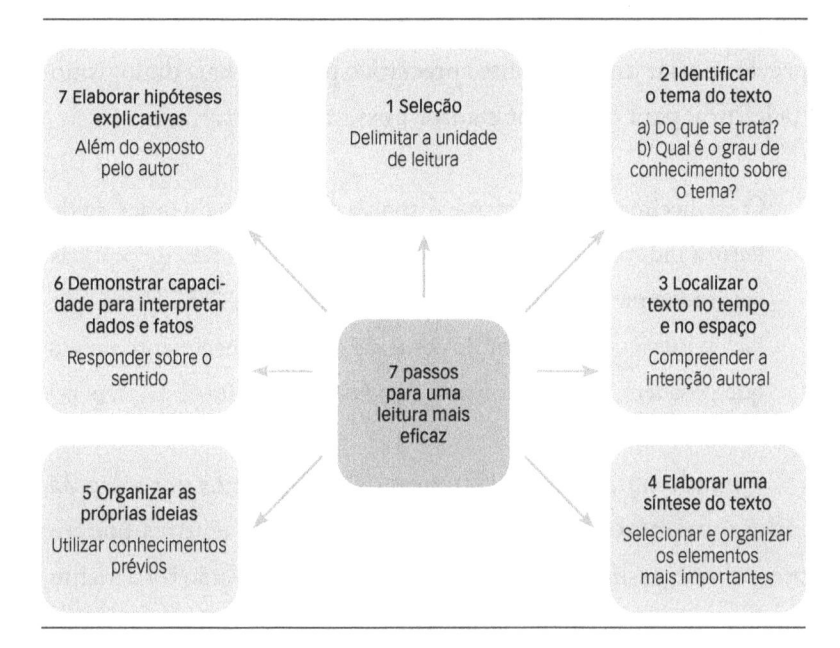

7 Elaborar hipóteses explicativas
Além do exposto pelo autor

1 Seleção
Delimitar a unidade de leitura

2 Identificar o tema do texto
a) Do que se trata?
b) Qual é o grau de conhecimento sobre o tema?

6 Demonstrar capacidade para interpretar dados e fatos
Responder sobre o sentido

7 passos para uma leitura mais eficaz

3 Localizar o texto no tempo e no espaço
Compreender a intenção autoral

5 Organizar as próprias ideias
Utilizar conhecimentos prévios

4 Elaborar uma síntese do texto
Selecionar e organizar os elementos mais importantes

FONTE: Elaborado com base em Abaurre; Pontara; Fadel, 2002.

Você sabe o que é a fluência da leitura? Ela implica estratégias que visam obter, utilizar e avaliar as informações conforme o leitor constrói significados durante a leitura. Nesse processo, podemos identificar quatro estratégias: seleção, antecipação, inferência e verificação.

Estratégias de seleção possibilitam ao leitor se ater apenas aos índices úteis, desprezando os irrelevantes; de antecipação permitem supor o que ainda está por vir; de inferência permitem captar o que não está dito explicitamente no texto e de verificação tornam possível o "controle" sobre a eficácia ou não das demais estratégias. (Brasil, 2001, p. 53)

Sabemos que outras atividades são necessárias para se construírem os sentidos, ou seja, é preciso ativar os conhecimentos prévios e criar um horizonte apreciativo para que haja dialogismo na leitura, para que leitor e autor possam conversar.

O conhecimento atualmente disponível a respeito do processo de leitura indica que não se deve ensinar a ler por meio de práticas centradas na decodificação. [...] É preciso que antecipem, que façam inferências a partir do contexto ou do conhecimento prévio que possuem, que verifiquem suas suposições. (Brasil, 2001, p. 55)

Quando nós, autores textuais, nos expressamos por meio da escrita, deixamos espaços em branco que só os leitores podem preencher e, assim, construir os sentidos que não estão totalmente ditos no texto. Ler não é tirar sentidos do texto, tampouco colocar qualquer sentido no texto. A primeira ação implicaria uma postura passiva do leitor, enquanto a segunda apagaria, em vários aspectos, a voz dos autores. Portanto, não se trata de incutir qualquer sentido, mas de interagir com quem escreve (Rodrigues, 2011).

Nesse contexto, em que se entende a linguagem como uma forma de interação, nós, que lemos, estamos dialogando, estamos nos confrontando com os horizontes sociais, históricos e culturais de quem escreve. Esse cenário faz com que, a cada leitura, o leitor internalize relações entre sujeitos, amplie seu universo de textos e, sem dúvida, saia transformado.

A leitura acontece como um tecido comum entre quem escreve e quem lê, tal como na metáfora do bordado, sempre renovado por um processo de diálogo em que se misturam as pontas dos fios do bordado para fazer sempre o mesmo e outro bordado, pois as mãos que agora fazem, trazem e desenham outra história (Rodrigues, 2011). Não são mãos presas – se fossem, a leitura seria mero reconhecimento de sentidos, e não produção de sentidos; não são mãos soltas que bordam somente com os fios presentes nas veias de sua história – se fossem, a leitura seria um outro bordado que se coloca sobre o bordado que se lê, escondendo-o, apagando-o, substituindo-o. Assim, a leitura se constitui em um processo complexo, no qual os fios do que foi dito anteriormente se entrelaçam com as estratégias de expressão, formando um novo bordado que se sobrepõe e dialoga com o bordado original (Rodrigues, 2011).

Aí está, no que se refere à leitura, o trabalho principal da escola: formar leitores capazes de lidar com a diversidade e a complexidade dos textos que circulam socialmente, estudantes e cidadãos que decifram, compreendem, interpretam e guardam o que leem, na medida em que sabem usar estratégias de leitura tal como os bons leitores fazem de modo autônomo.

Síntese

Quadro 2.1 – **Síntese dos conteúdos do capítulo**

Introdução à leitura	A leitura é vital para desenvolver hábitos, pensamentos e raciocínio.
	A literatura é uma forma de arte que reflete a sociedade e seus conflitos.
Natureza da leitura	A leitura vai além da decodificação; é reflexiva e construtiva.
	A linguagem é expressão do conteúdo ideológico ou vivencial.
Como se lê	A leitura envolve atribuição de sentidos.
	Distinção entre os sentidos literal e figurado.
	A poesia e a leitura desafiam a compreensão das palavras e exploram a criatividade.
Textos literários e expectativas do leitor	A literatura mostra aspectos humanos, partindo do particular para uma significação ampla.
	O texto literário oferece uma variedade de sentidos, diferentemente do que ocorre com os textos informativos.

(continua)

(Quadro 2.1 – conclusão)

Interatividade entre leitor e texto	A leitura é um processo interativo entre texto, autor e leitor.
	Tipos de leitura: sensorial, emocional e intelectual.
	Relação entre textos na sociedade; inspirações, contraposições e complementaridades.
A importância da leitura na formação	Ler o mundo antes de ler as palavras; utilização da linguagem e leitura crítica.
	Leitura como construção de sentido; formação do leitor ativo, crítico e criativo.

Atividades de autoavaliação

1. A literatura é uma forma de arte e de expressão do ser humano, do mundo e das relações existenciais, que usa a linguagem de forma criativa e original. Nesse sentido, qual das alternativas a seguir apresenta uma característica da experiência da leitura e da escrita literárias?

    a. Decodificar o texto de modo formal, seguindo as regras gramaticais e ortográficas.

    b. Vivenciar os gêneros textuais por meio do contato efetivo com o texto, experimentando a sensação de estranhamento.

    c. Conhecer o ambiente, a civilização, a mitologia, o conhecimento e o imaginário que se formam pela literatura.

    d. Estimular a criatividade, atuar sobre a mente e fazer refletir sobre os fatos da vida, enriquecendo a própria experiência de vida.

    e. Nenhuma das alternativas anteriores está correta.

2. De acordo com Orlandi (2000), qual é o sentido mais amplo da leitura, que transcende os limites de significação das palavras?
   a. A atribuição de sentidos.
   b. O sentido literal.
   c. O sentido figurado.
   d. A polissemia.
   e. Nenhuma das alternativas anteriores está correta.

3. O que significa dizer que, antes de lermos a palavra, lemos o mundo, segundo Freire (1997)?
   a. Significa que usamos a linguagem e a leitura crítica para perceber as relações entre o texto e o contexto.
   b. Significa que ativamos nossos esquemas mentais e nossos conhecimentos prévios para construir o sentido do texto.
   c. Significa que criamos o texto para um suposto leitor e imaginamos seus interlocutores e suas intenções.
   d. Significa que buscamos compreender a realidade que nos cerca e as palavras que a expressam.
   e. Nenhuma das alternativas anteriores está correta.

4. Qual é a importância da leitura para a escrita?
   a. A leitura ajuda a decodificar as palavras e a compreender o sentido do texto.
   b. A leitura amplia o repertório de leitura e serve de referência e inspiração para a escrita.
   c. A leitura torna o leitor mais ativo, crítico e criativo, capaz de transformar o mundo com as suas palavras.

- d. A leitura oferece ao produtor de textos um maior leque de referências, aumentando seu universo de intertextualidade e dando orientação para a sua escrita.
- e. Todas as alternativas anteriores estão corretas.

5. O que diferencia o gênero lírico dos outros gêneros literários?
   - a. O uso do verso ou da prosa.
   - b. A expressão dos sentimentos e das emoções do poeta.
   - c. A presença de um narrador objetivo e impessoal.
   - d. A narração dos feitos heroicos de um povo.
   - e. Nenhuma das alternativas anteriores está correta.

Atividades de aprendizagem

Questões para reflexão

1. Como você se relaciona com a literatura em sua vida pessoal e profissional? Que benefícios a leitura literária traz para o seu desenvolvimento como cidadão? Considerando-se o ambiente escolar, que dificuldades os professores podem encontrar para promover a leitura literária entre seus estudantes e como superá-las?

2. De que maneira você compreende o processo de leitura e de escrita? Que estratégias você utiliza para ler e escrever melhor? Quais desafios enfrenta para desenvolver tais habilidades? No contexto escolar, de que modo os professores podem ajudar seus alunos a se tornarem leitores e escritores competentes?

Atividade aplicada: prática

1. Mantenha um diário de leitura por uma semana, escolhendo um gênero literário diferente a cada dia (conto, poesia, crônica, romance etc.). Em seu diário, registre os seguintes aspectos:

   IV. Exemplos de linguagem literal e figurada encontrados na leitura do dia.

   V. Contextualização: descreva o contexto em que as expressões foram usadas e a forma como isso afeta o significado.

   VI. Reflexões pessoais: escreva sobre suas impressões e explique como a linguagem literal ou figurada alterou sua percepção da obra.

um	A leitura
dois	A relação com o texto
três	**A linguagem**
quatro	Os gêneros discursivos
cinco	As práticas sociais
seis	A era digital

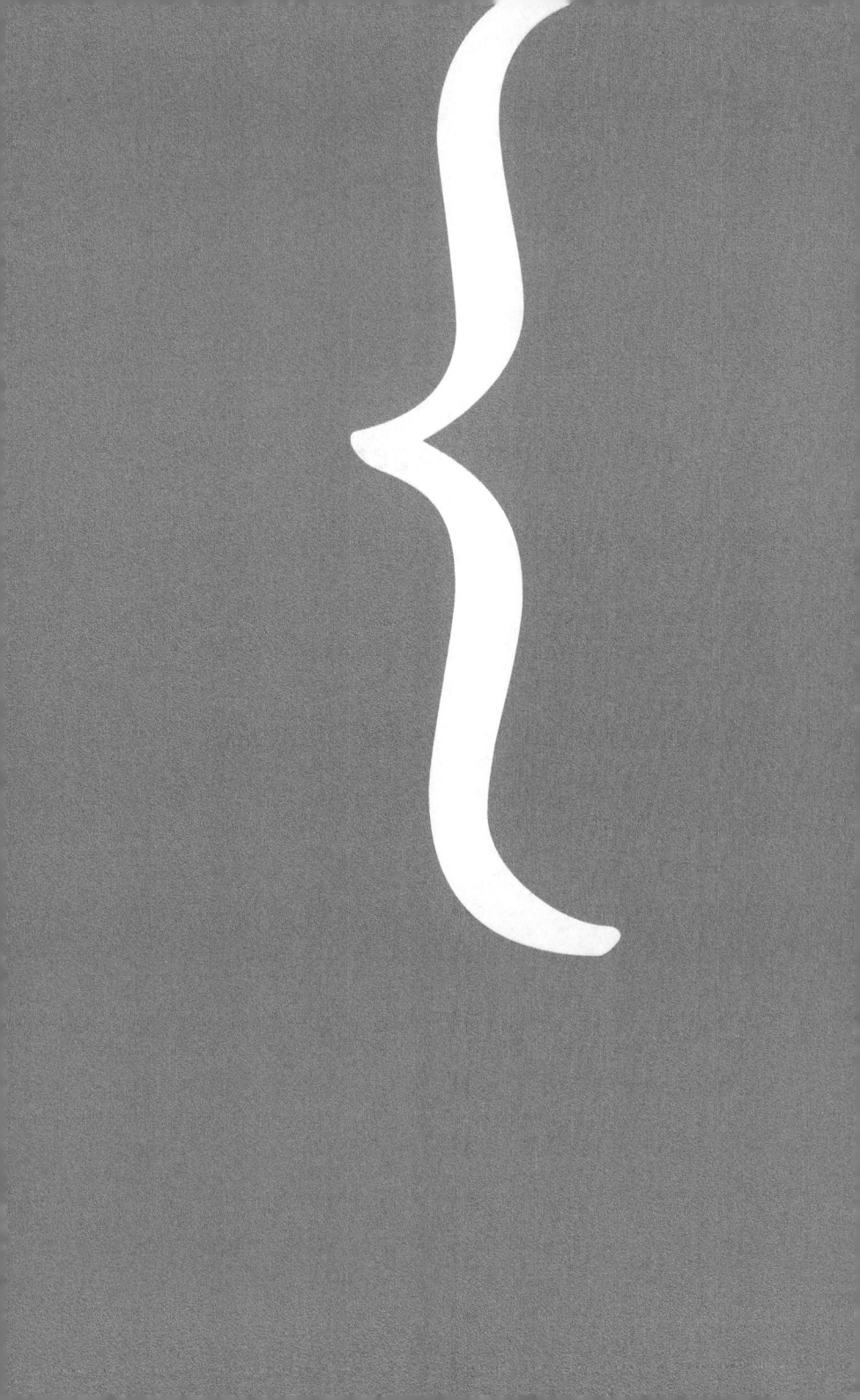

{

❰ VOCÊ JÁ PAROU para pensar na linguagem que você usa todos os dias? Como ela se originou, de que modo funciona e como se transforma? A linguagem é uma das mais incríveis habilidades humanas, pois nos permite interagir com o mundo e com as outras pessoas. Contudo, ela não é algo simples ou óbvio, mas um fenômeno complexo e diverso, que envolve muitos aspectos e desafios.

Neste capítulo, exploraremos alguns desses aspectos e desafios, a partir de diferentes perspectivas e abordagens. Você vai aprender sobre:

- a diferença entre linguagem e língua e a relação delas com a comunicação e a cultura;
- as formas de linguagem verbal e não verbal e o modo como estas se complementam e se influenciam na transmissão de mensagens e significados;

- a argumentação, habilidade essencial para construir e defender ideias, e sua fundamentação em critérios lógicos e racionais;
- a escrita, modalidade específica da linguagem, que requer atenção e cuidado com a coerência textual;
- o conceito de letramento, que vai além da alfabetização e implica uma participação ativa e crítica na sociedade letrada.

Este capítulo tem como objetivo oferecer a você uma visão ampla e crítica acerca da linguagem, considerando seus usos e suas funções, bem como suas relações com a sociedade e a cultura e sua importância para a educação.

trêspontoum
O ser humano e a linguagem

Como podemos nos expressar de forma competente em nossa língua materna? Essa é uma questão fundamental para nosso sucesso em diversas atividades que envolvem a palavra. Mas, antes de buscar responder a essa pergunta, é preciso entender o que é linguagem e o que é língua.

A linguagem é a capacidade que temos de nos comunicar com as outras pessoas. Para Terra (1997), trata-se de qualquer sistema de sinais convencionais que nos permite realizar atos de comunicação. Nessa perspectiva, há muitas formas de linguagem:

a de sinais, a dos sinais de trânsito, a das bandeiras em corridas de automóveis, e assim por diante.

Por outro lado, a língua é um tipo específico de linguagem, que consiste em um conjunto de expressões e palavras usadas por um determinado povo, seguindo certas regras de uso. Simplificadamente, a língua é uma das manifestações da linguagem.

Para nos comunicarmos, usamos uma língua que tem uma gramática própria. Todavia, é importante lembrar que a língua é um organismo vivo e, por isso, nem sempre coincide com o que está prescrito nas normas de uma gramática tradicional. Ou seja, os falantes da língua podem empregar formas distintas das consideradas "corretas" pela gramática normativa. Terra (1997, p. 13) define a língua como "a linguagem que utiliza a palavra como sinal de comunicação". Então, podemos dizer que a língua é um aspecto da linguagem e que pertence a um grupo de indivíduos que a realizam por meio da fala.

Quando nos comunicamos, não usamos apenas palavras faladas e/ou escritas, mas também imagens, gestos, cores e sinais. Um exemplo é o alfabeto da língua de sinais, como o ilustrado na Figura 3.1.

Figura 3.1 – **Alfabeto datilológico da Língua Americana de Sinais (ASL)**

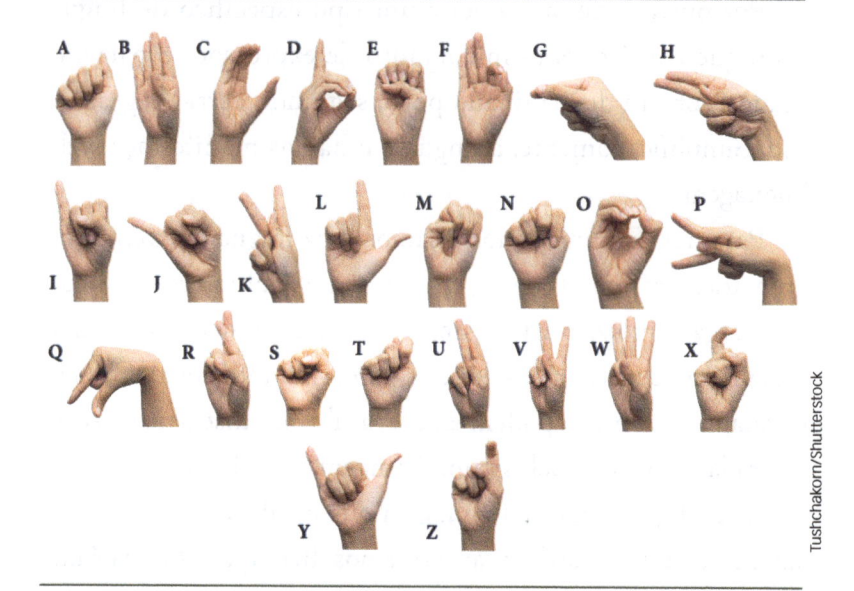

Mas não é só isso: as cores também têm um papel importante na linguagem (Figura 3.2).

Figura 3.2 – **As cores na comunicação**

Os publicitários sabem muito bem como usar as cores para provocar diferentes sensações nas pessoas. Isso porque as cores podem transmitir ideias, emoções, valores e até mesmo a identidade de uma empresa. Por isso, são essenciais na criação de logomarcas e produtos.

> **IMPORTANTE!**
>
> O estudo das cores é fundamental para transmitir a identidade de uma empresa e/ou corporação e influenciar a forma como os consumidores veem a marca. Por essa razão, a logomarca deve ser memorável e reconhecível por diferentes públicos. Este é o objetivo dos *designers*: criar marcas que se diferenciem dos demais concorrentes.

A linguagem não é sempre a mesma em todos os contextos. Isso significa que precisamos adaptá-la de acordo com o lugar, o momento e as pessoas com quem nos comunicamos. Dito de outro modo, nem sempre podemos usar as mesmas palavras, expressões, gestos ou cores, isto é, temos de levar em conta as características e as expectativas de cada situação comunicativa.

Essas são algumas questões que nos fazem pensar sobre a linguagem e a língua. E você, o que pensa sobre isso? De que modo você utiliza a linguagem em seu dia a dia? Como você escolhe as cores, os gestos e os sinais que você usa?

Como já comentamos, a linguagem envolve gestos e imagens, que podem expressar muitas coisas. Por exemplo, quando você sorri, acena ou mostra uma foto a alguém, está se comunicando sem usar palavras. Isso é o que chamamos de linguagem não verbal. Mas também existe a linguagem verbal, que tem a palavra como sinal de comunicação. Você já reparou como é difícil se comunicar sem empregar um verbo? O verbo é a palavra que indica a ação, o estado ou o fenômeno que ocorre na comunicação (tente fazer uma frase sem verbo e veja se ela faz sentido!).

A comunicação é fundamental para nossas relações, seja na vida pessoal, seja na profissional, seja na acadêmica. Nós nos comunicamos de várias formas, porém nem sempre conseguimos transmitir a mensagem que queremos. Para que a comunicação seja eficaz, é necessário que a mensagem seja compreendida da forma que se pretendeu ao ser enviada. Desse modo, podemos afirmar que a linguagem tem características que têm de ser observadas, tais como o uso adequado de substantivos, adjetivos, verbos, pronomes e preposições. Além disso, é preciso saber diferenciar a linguagem verbal da não verbal.

As duas formas de linguagem são muito importantes para a comunicação, mas elas precisam estar em harmonia, para que a comunicação seja coerente. Por exemplo, se você diz que está feliz, mas seu semblante revela certa tristeza, sua linguagem verbal não está combinando com a linguagem não verbal, o que pode gerar confusão ou desconfiança na pessoa que recebe sua mensagem.

A linguagem humana é um processo muito complexo e está presente em todas as situações de comunicação, conforme podemos observar nos exemplos das imagens a seguir.

Figura 3.3 – **Conversa entre pessoas**

Figura 3.4 – **Placas de sinalização**

Figura 3.5 – Livros, jornais e revistas

Mint Pixels/Shutterstock

Figura 3.6 – Campanhas publicitárias

Ministério da Saúde

FONTE: Ministério da Saúde, 2022.

Figura 3.7 – Linguagem corporal

Figura 3.8 – Gestos

Figura 3.9 – Expressões faciais

fizkes/Shutterstock

Você consegue perceber as diferentes formas de se expressar? Nas figuras apresentadas, podemos verificar exemplos de formas de linguagem verbal e não verbal. Vamos ampliar nossa abordagem sobre esse tema a seguir.

3.1.1 Linguagem não verbal

Para nos comunicamos sem recorrer a palavras, utilizamos a linguagem não verbal, que se configura por meio de gestos, sons, cores, imagens, entre outras formas. Por exemplo, quando, no trânsito, você se depara com um sinal na cor vermelha, sabe que deve parar, certo? Trata-se de uma mensagem transmitida pela cor. Outro exemplo é a Língua Brasileira de Sinais (Libras), empregada pelas pessoas surdas para se comunicarem por meio de sinais.

A linguagem não verbal muitas vezes reforça o que nós dizemos: em alguns momentos, usamos outros recursos além da fala para enfatizar nossa mensagem. Um exemplo são as histórias em quadrinhos, que, por meio de imagens, demonstram o que uma personagem está dizendo e o que está sentindo ou fazendo. As propagandas publicitárias também costumam recorrer à linguagem não verbal para chamar a atenção e persuadir. A linguagem não verbal, segundo Terra (1997, p. 12), "é aquela que utiliza para atos de comunicação outros sinais que não as palavras".

Você consegue entender facilmente a mensagem que a Figura 3.10 quer transmitir, não é mesmo? Então, pode perceber que a linguagem não verbal, mesmo sem recorrer às palavras, é capaz de comunicar algo.

Figura 3.10 – PROIBIDA A ENTRADA DE ANIMAIS

Gráficos, tabelas, infográficos e figuras fazem parte da linguagem não verbal e são usados frequentemente para comunicar informações em avaliações e também no ambiente empresarial. Por isso, convidamos você a analisar e praticar as orientações a seguir, que tratam dos recursos visuais de áudio em apresentações empresariais:

- Não leia o que está na tela, pois a plateia já leu antes de você.
- Adapte os recursos visuais à quantidade de espectadores (isto é, ao tamanho da plateia), uma vez que o que funciona para poucos pode não funcionar para muitos.
- Fique parado quando quiser que a plateia se concentre no material visual.
- Use imagens, gráficos e outros elementos visuais para ilustrar ideias abstratas, mas sem complicar demais.

O mais importante sobre o uso de recursos tecnológicos (informática, telecomunicações etc.) é saber acompanhar as novidades e tendências que surgem a cada dia e manter-se atualizado – *up-to-date* – para renovar e incorporar novas práticas ao seu repertório.

> **IMPORTANTE!**
>
> Tenha em mente que a linguagem não verbal também se faz presente em contextos de avaliações, como no Exame Nacional de Desempenho dos Estudantes (Enade).

3.1.2 Linguagem verbal

A linguagem verbal envolve a utilização das palavras para nos comunicarmos. O termo *verbal* vem do latim *verbale* e significa "palavra". Então, quando fazemos uso dessa linguagem, expressamos desejos, sentimentos, ordens, opiniões etc., mostrando o que pensamos e como raciocinamos.

Como afirma Nicola (2009, p. 126), "a linguagem verbal é aquela que utiliza a língua (falada ou escrita)", ou seja, ela pode ser falada ou escrita, dependendo da situação e do objetivo da comunicação. Você já teve dificuldade de escrever algo que na fala consegue expressar sem maiores problemas? Sim, não é mesmo? Então, que tal aprofundarmos nossos estudos sobre isso?

3.1.3 Língua falada x língua escrita

Já vimos que a língua é um sistema de representação que usamos para manifestar ideias, ordens, emoções, enfim, qualquer coisa que tenha sentido e que possa ser comunicada. Esse sistema é formado por palavras e regras que se combinam de várias formas. Essas palavras e regras são compartilhadas pelos membros de uma sociedade, por isso a língua é de todos nós.

Mas como usamos a língua? Utilizamos a fala ou a escrita, dependendo do que queremos comunicar e de como pretendemos fazer isso. Em uma breve análise, conseguimos compreender que, primeiro, aprendemos a falar e, depois, a escrever. Isto é, a fala é natural, mas a escrita é ensinada. Na primeira, o som é o que importa; na segunda, o gráfico.

Fala e escrita têm algumas diferenças, pois esta tem características próprias em relação àquela. A fala envolve vários recursos, como o tom de voz, a expressão facial, os gestos, além de ser mais espontânea. Já a escrita exige mais cuidado, pois não se constitui em uma simples cópia do que se fala. Em todas as línguas, as pessoas escrevem e falam de maneiras diferentes, mas podemos nos comunicar tanto com um texto falado quanto com um escrito. Note que não escrevemos do jeito que falamos nem falamos do jeito que escrevemos.

Segundo Alfredina Nery, o humorista Jô Soares, em uma entrevista à revista *Veja*, fez uma piada sobre isso. Observe:

> "Português é fácil de aprender porque é uma língua que se escreve exatamente como se fala."

> *Pois é. U purtuguêis é muinto fáciu di aprender, purqui é uma língua qui a genti iscrevi ixatamenti cumu si fala. Num é cumu inglêis qui dá até vontadi di ri quandu a genti discobri cumu é qui si iscrevi algumas palavras. Im purtuguêis não. É só prestátenção. U alemão pur exemplu. Qué coisa mais doida? Num bate nada cum nada. Até nu espanhol qui é parecidu, si iscrevi muinto diferenti. Qui bom qui a minha língua é u purtuguêis. Quem soubé falá sabi iscrevê.*

> O comentário é do humorista Jô Soares, para a revista Veja. Ele brinca com a diferença entre o português falado e escrito. Na verdade, em todas as línguas, as pessoas falam de um jeito e escrevem de outro. A fala e a escrita são duas modalidades diferentes da língua e é com esse fato que o Jô brincou. (Nery, 2024, grifo do original)

Você já reparou em como planejamos mais ou menos nossa comunicação dependendo da situação? Na linguagem falada, principalmente em situações mais informais, temos menos planejamento que na escrita, pois podemos perceber em tempo real se estamos ou não sendo compreendidos. Então, a linguagem é mais natural: a coesão se faz por meio de gestos, tom de voz, expressão facial, entre outros fatores. Também usamos elementos que mantêm a conversa fluindo, tais como: "Você entendeu?", "Está claro?", "Você concorda?". Todavia, se pensarmos em um discurso mais formal, como o de um presidente, de um apresentador de telejornal ou de um acadêmico, a linguagem passará por um grau de planejamento bem maior.

A modalidade escrita formal, empregada na produção de trabalhos acadêmicos, avaliações, textos empresariais etc., também exige planejamento. Marcuschi (2004) explica que, embora normalmente vistas como opostas, polarizadas, a fala e a escrita estão muito ligadas. Nos gêneros que demandam mais rigor, como no caso da produção e apresentação de textos acadêmicos, o planejamento linguístico se faz mais necessário, especialmente porque, nesse caso, a escrita envolve também a oralidade.

Em gêneros menos planejados, como bilhetes, mensagens de WhatsApp e conversas orais, percebemos que a oralidade influencia não só a fala, mas também a escrita. Por isso, a separação entre ambas não tem sido aceita entre alguns estudiosos da linguagem.

Apesar de a linguagem falada ser mais usada, na comunicação é a escrita que adquire mais importância para as teorias gramaticais, pois se considera que ela tem aspecto de maior permanência. Essa premissa é corroborada por um ditado dos antigos romanos: *"verba volant; scripta manent"*, que significa "as palavras voam, aquilo que está escrito permanece".

Não há como negar que a língua escrita é bem mais elaborada que a falada, pelo fato de ser a modalidade que mantém a unidade linguística de um povo e possibilitar que o pensamento atravesse o espaço e o tempo. Nenhuma reflexão ou análise mais aprofundada será possível sem a língua escrita, cujas transformações são mais lentas e em menor quantidade, em comparação com a modalidade falada (Casagrande, 2016).

É importante entendermos que a escrita não é melhor que a fala, e sim que ambas são modalidades diferentes para a realização da língua, tanto em situações formais quanto informais. O contexto da escrita, porém, é claramente diverso do da fala, já que o autor precisa considerar o distanciamento físico do leitor no planejamento linguístico, para buscar sua compreensão.

A língua falada e a escrita são diferentes quanto ao modo de organizar as palavras. Nesse sentido, a escrita tem a vantagem de se poder planejar, corrigir e apresentar o texto pronto, sem que o leitor veja ou controle o processo de elaboração do texto. Por outro lado, na fala ocorre a ligação de orações sem que o falante se preocupe muito em estruturar as frases; assim, o interlocutor se ocupa de preencher os espaços, o que resulta na presença de parênteses, correções, paráfrases, truncamentos, repetições, elipses, pausas, anacolutos, marcadores conversacionais e digressões (Casagrande, 2016).

trêspontodois
Aquisição da linguagem

A língua, além de ser um fator social, também é objeto de estudo da ciência. Podemos aprender muito sobre a língua e a linguagem com a ajuda da linguística, área do conhecimento que se dedica a investigar esse fenômeno tão complexo.

Um dos nomes mais importantes da linguística é Ferdinand de Saussure. Considerado o pai da linguística moderna, foi ele o responsável por iniciar uma nova forma de estudar a língua, baseada em princípios científicos.

Saussure (2006) se inspirou no pensamento positivista, segundo o qual toda ciência deve ter um objeto bem definido e elementar (Rodrigues, 2008). Mas como fazer isso com a linguagem, que é algo abstrato é invisível? Esse foi o desafio que o linguista suíço enfrentou em suas pesquisas. Ele precisou criar um conceito de objeto que permitisse analisar a linguagem em seus diferentes aspectos, tanto individuais quanto sociais. Para Saussure (2006, p. 16),

> qualquer que seja o lado por que se aborda a questão, em nenhuma parte se nos oferece integral o objeto da Linguística. Sempre encontraremos o dilema: ou nos aplicamos a um lado apenas de cada problema e nos arriscamos a não perceber as dualidades assinaladas acima, ou, se estudarmos a linguagem sob vários aspectos ao mesmo tempo, o objeto da Linguística nos aparecerá como um aglomerado confuso de coisas heteróclitas, sem liame entre si.

A obra de Saussure (2006) foi fundamental para estabelecer os estudos da língua como ciência. A partir dos conceitos que ele propôs, a linguística se desenvolveu e se ramificou em diversas áreas, como a psicolinguística, a sociolinguística e a neurolinguística. Ele dedicou praticamente toda a sua vida de pesquisador para produzir uma teoria que pudesse conferir aos estudos sobre a linguagem uma metodologia capaz de proporcionar rigor suficiente para que eles fossem considerados ciência (Rodrigues, 2008).

Como discutimos anteriormente ao tratarmos da diferença entre língua e linguagem, podemos afirmar que ambas são fenômenos humanos intrinsecamente relacionados a práticas sociais.

De acordo com Bakhtin (1997), a linguagem implica considerar o discurso uma prática social e uma forma de interação. Ademais, o contexto de produção textual, a relação textual, a relação interpessoal, as diferentes situações de comunicação, os gêneros e a interpretação de quem os produz são peças fundamentais. A linguagem é, portanto, a capacidade de o ser humano se comunicar com os outros.

O uso da linguagem, seja verbal, seja não verbal, sempre tem um objetivo específico. Por exemplo, podemos nos comunicar para pedir um favor, fazer um alerta, apenas para lazer, para fazer negócios, para discutir determinado assunto, para reclamar de algo que nos incomoda, para elogiar, para interagir etc., ou seja, são inúmeros os objetivos da linguagem. E quanto a você, qual é o seu objetivo ao se comunicar? Como você escolhe a forma mais adequada de expressar suas ideias e seus sentimentos?

Nossa fala muda de acordo com o contexto de uso, isto é, o momento, a situação e as pessoas que estão envolvidas na conversa.

Assim, podemos nos expressar verbalmente de diversas maneiras, conforme o objetivo da comunicação e o interlocutor. Logo, uma conversa entre amigos certamente será diferente se comparada ao modo como as mesmas pessoas se dirigem, por exemplo, a seus chefes, a um padre, a idosos, a seus filhos etc. Para entender isso melhor, observe o Quadro 3.1.

Quadro 3.1 – Tipos de fala

Fala I	Fala II
Me dá um pedaço para eu escrever?	Douglas, você poderia, por gentileza, alcançar-me o papel para que eu possa fazer uma anotação?

Ambas as falas abordam o mesmo pedido, porém claramente percebemos que, na Fala I, há intimidade entre os interlocutores – pode ser uma situação comunicativa envolvendo amigos, um filho e sua mãe etc. Já na Fala II, há um contexto de maior formalidade, embora se trate da mesma solicitação. Tal fala pode ser dirigida a um secretário, a um colega de trabalho, ao chefe ou a alguém com o qual o falante não tenha tanta intimidade.

Isso nos revela que o contexto de uso da língua varia segundo inúmeros fatores: quem fala, o que fala (objetivo) e a quem fala. Também o contexto no qual os interlocutores estão inseridos influencia na forma como a mensagem é transmitida. Portanto, não é possível afirmar que a fala é homogênea. Em outras palavras, um sujeito pode transmitir uma mesma mensagem de diferentes maneiras, de acordo com a situação em que se encontra.

E você, como adapta sua fala ao contexto de uso? Já teve alguma dificuldade ou constrangimento por falar de forma inadequada em algum cenário específico?

3.2.1 Argumentação

Você sabe o que é argumentação e por que ela é tão importante? A argumentação é essencial para a construção e a produção de conhecimento. Segundo Costa (2008), a teoria cognitiva atual assegura que a aprendizagem é um processo de construção de conhecimento, e a argumentação contribui para esse processo.

Quando fazemos ciência, não estamos acumulando fatos e ideias fixas, e sim criando teorias que explicam diferentes fenômenos. Tais teorias são sempre testadas e argumentadas e, se não forem consistentes, poderão ser contestadas pelos pesquisadores. Assim, podemos afirmar que a ciência se faz por meio do diálogo, da argumentação e do confronto de hipóteses (Costa, 2008).

E como construímos o conhecimento? Lendo, inferindo e argumentando. Não estudamos nem aprendemos sozinhos, pois sempre estamos em interação com nossos pares – o professor, um colega de turma, um tutor, um familiar ou mesmo o autor do texto que estamos estudando. Nesse sentido, a argumentação só se aprimora com a prática.

O discurso científico é argumentativo. Por essa razão, é dever dos professores estimular nos estudantes o costume de argumentar. Nessa perspectiva, Kuhn e Reiser (2006, citados por Costa, 2008) afirmam que, para a maioria das pessoas, a argumentação eficiente não é algo natural, e sim algo que se aprende com a prática. Costa (2008, p. 3) define a argumentação como uma atividade "social, intelectual, verbal e não verbal, utilizada para justificar ou refutar uma opinião; engloba um conjunto específico de declarações dirigido para obter a aprovação de um ponto de vista particular por um ou mais interlocutores".

Portanto, para não ser um estudante que apenas recebe o conteúdo e o aceita sem questionar ou para ter argumentos robustos o suficiente para poder contestar tal conteúdo, é necessário praticar a argumentação, analisar as ideias apresentadas e inferir sobre o texto.

A esse respeito, um dos grandes problemas que surgiram com a tecnologia é exatamente este: saber distinguir a informação válida da informação falsa ou duvidosa. Nessa ótica, os professores podem conduzir diversas atividades com os alunos para que eles possam melhorar a argumentação. Normalmente, aquelas que buscam resolver problemas por meio de debate e de investigação são as que mais despertam o interesse deles. Propor um problema ou um desafio e pedir que tentem resolvê-lo, refutando ou aceitando determinadas possibilidades, estimula neles a curiosidade e faz com que raciocinem.

trêspontotrês
O reconhecimento da palavra

Você já deve ter percebido a enorme quantidade de textos que nos cercam diariamente, de placas de trânsito, comunicados, notícias, revistas e *outdoors* a redes sociais, editais, manuais de instrução etc. Não importa para onde vamos, estamos sempre em contato com textos variados, verbais ou não, orais ou escritos. Nós, seres humanos, usamos os textos como o princípio de nossa comunicação.

Quando escrevemos um texto, sabemos que ele será lido por alguém, em algum lugar e em determinado momento. Por essa razão, é nossa intenção que tal texto seja compreendido, não é mesmo? Para isso, precisamos de um elemento essencial: a **coerência**. Talvez você não saiba exatamente o que essa palavra significa, mas intuitivamente aplica esse conceito ao escrever textos que fazem sentido.

A coerência textual constitui a premissa básica para a produção de textos com sentido, pois representa um processo que gera a articulação de ideias. Assim, ela é fundamental para que o leitor possa atribuir sentidos ao que está lendo.

Como exemplo, leia o texto a seguir.

Texto incoerente

Eu gosto muito de chocolate. Chocolate é feito de cacau, que vem da África. A África é um continente muito grande e diverso. Lá vivem muitos animais, como leões, elefantes e girafas. Girafas são muito altas e têm pescoços longos. Eu tenho medo de altura. Por isso, eu nunca ando de avião. Aviões são muito rápidos e podem voar pelo céu. O céu é azul e tem nuvens. Nuvens são feitas de vapor de água. Água é um líquido essencial para a vida. A vida é um mistério.

Você foi capaz de entendê-lo? Provavelmente, não, pois o texto está confuso. Ele até apresenta sequências frasais lógicas e coesão (ligação entre as partes do texto), mas não tem coerência. Qualquer pessoa com conhecimento linguístico básico percebe que ele não faz sentido. Ou seja, podemos perceber que a coerência não é algo que se vê no texto.

Ademais, um mesmo texto pode ter diferentes interpretações, conforme quem o lê e o contexto em que está inserido. Ao ler, o leitor ativa seus conhecimentos prévios, e o sentido do texto também depende desse fator.

trêspontoquatro
Alfabetização, escolarização e letramento

Você já parou para pensar no valor e no significado que as palavras têm em nossa vida? Elas não são apenas sons ou símbolos que usamos para nos comunicar, pois também expressam emoções, ideias e identidades. Elas mudam e influenciam a forma como agimos e interagimos em diferentes situações e contextos sociais. Por isso, a linguagem não pode ser reduzida a uma lista de palavras em um dicionário – que serve para registrar e preservar alguns usos consagrados da língua, dando mais estabilidade ao idioma, entre outras funções.

Quando pensamos a linguagem dessa forma, estamos adotando uma concepção sociodiscursiva, que é a base dos estudos da linguística aplicada. Essa concepção nos ajuda a superar a divisão entre as disciplinas que estudam a linguagem e a propor currículos que associam os conceitos científicos à formação humana integral, levando em conta a diversidade social e as múltiplas linguagens, que estão intimamente relacionadas.

Nessa perspectiva, é importante revisarmos os conceitos tradicionais de alfabetização e escolarização, para observamos como eles evoluíram e se complexificaram em direção à noção de letramento. Esse conceito vai além do ensino e da aprendizagem da leitura e da escrita, já que envolve as práticas sociais relacionadas ao domínio da língua materna.

Isso significa que o domínio das competências de leitura e escrita – especialmente no que se refere ao ensino de Língua Portuguesa – tem tudo a ver com o mundo em que vivemos: o mundo do trabalho, o mundo cultural, o mundo social etc. Por isso, nesse contexto, o trabalho de ensino não pode ignorar os dados históricos e socioeconômicos da realidade brasileira.

Essa é a proposta dos Parâmetros Curriculares Nacionais de Língua Portuguesa, que orientam o educador e as instituições educacionais a desenvolver ações que visem tornar a escola um lugar de inclusão e de diálogo constante com o mundo, considerando os avanços históricos e tecnológicos. A partir dessa visão, destaca-se a importância do ensino de Língua Portuguesa por meio do trabalho com gêneros do discurso (Brasil, 2001).

Os Parâmetros Curriculares Nacionais de Língua Portuguesa são um documento que conduz professores e escolas na definição de um ensino de Língua Portuguesa que tenha o objetivo de formar cidadãos críticos e participativos. Além disso, eles explicam como a disciplina de Língua Portuguesa mudou ao longo da história e de que modo ela está comprometida com uma abordagem que considera a linguagem como forma de interação social (Brasil, 2001).

Diante da desigualdade socioeconômica que sabemos ser uma realidade primeira da educação no Brasil, torna-se indispensável adotar uma atitude didático-pedagógica que revise continuamente os conceitos cristalizados de norma culta e erro gramatical que criam um abismo na linguagem – marcado pelo preconceito linguístico – e que se reflete no aspecto social.

Sob essa perspectiva, a fim de atuar efetivamente nesse contexto social, é fundamental dominarmos a língua – oral e escrita –, pois é por meio dela que nos comunicamos, temos acesso à informação, expressamos e defendemos pontos de vista, partilhamos ou construímos visões de mundo e produzimos conhecimento. Por isso, no cenário educacional, a escola tem a responsabilidade de garantir a todos os seus estudantes o acesso aos saberes linguísticos necessários para o exercício da cidadania, um direito de todos (Brasil, 2001).

Esse contexto, em que os conteúdos de língua materna – tanto na modalidade oral quanto na escrita – são ferramentas de participação social, contrasta com os dados gerais da realidade educacional brasileira, os quais apontam que muitos estudantes repetem ou abandonam a escola por conta das dificuldades com a leitura e a escrita, principalmente nas etapas iniciais de escolarização.

Em virtude do exposto, é importante discutirmos sobre letramento, alfabetização e escolarização, noções que envolvem diversos saberes, para refletirmos a respeito das relações e do aprendizado da língua escrita na escola e na sociedade. Esse é o caso dos estudos sobre alfabetização, que, além dos estudos tradicionais de didática, recorrem a conhecimentos de outras áreas, como a psicologia da aprendizagem, a psicologia cultural e as ciências da linguagem. O avanço dessas ciências proporciona contribuições tanto da psicolinguística quanto da sociolinguística, assim como da pragmática, da gramática textual, da teoria da comunicação, da semiótica e da análise do discurso (Brasil, 2001).

A esse respeito, uma das áreas de atuação da linguística aplicada é o ensino e a aprendizagem de língua materna, que, em seu enfoque metodológico, demanda tanto a revisão do currículo quanto das práticas tradicionais de alfabetização, tal como proposto nos Parâmetros Curriculares Nacionais, ao mudar o foco do "como se ensina" para o "como se aprende", reorientando as reflexões em linguística aplicada para "a pesquisa sobre quais ideias (ou hipóteses) as crianças constroem sobre a língua escrita ao tentar compreendê-la" (Brasil, 2001, p. 20).

Por que algumas crianças têm mais facilidade para lidar com as demandas escolares do que outras? Será que essa realidade se vincula, de algum modo, à situação econômica delas? É possível que elas já tenham um saber pré-escolar, ou seja, um conhecimento prévio do mundo, que as ajuda a aprender melhor? Provavelmente, sim, pois o meio em que elas estão inseridas propicia um maior número de atividades sociais mediadas pela escrita.

Essa foi a conclusão de algumas pesquisas, segundo as quais a alfabetização não representa um processo baseado em perceber e memorizar – o que não significa que não precisamos de percepção e de memória, e sim que elas não são o centro do processo – e, para aprender a ler e a escrever, o estudante tem de construir um conhecimento de natureza conceitual: é necessário que ele compreenda não somente o que a escrita representa como também de que maneira ela retrata a linguagem graficamente (Brasil, 2001).

Assim, no processo de escolarização, é possível reconhecer a passagem de uma fase anterior ao letramento, na qual predomina o uso da modalidade oral da língua, para uma etapa posterior, em que os usos da língua, mesmo em situações de oralidade, são mediados pelo conhecimento e pelo uso do código escrito.

> As práticas sociais de leitura e de escrita assumem a natureza de problema relevante no contexto da constatação de que a população, embora alfabetizada, não dominava as habilidades de leitura e de escrita necessárias para uma participação efetiva e competente nas práticas sociais e profissionais que envolvem a língua escrita (Soares, 2004, p. 6)

Nesse sentido, a alfabetização – que, em uma abordagem sociointerativa, deve substituir o eixo tradicional dos exercícios de silabário da cartilha pelas variedades de texto – incorpora-se ao letramento, fenômeno que, em uma perspectiva que transcende o conhecimento do código escrito, possibilita entender a razão pela qual, conforme Soares (2004), analfabetos que têm contato ou usam, mesmo que indiretamente, o código escrito – isto é, que se utilizam de algum modo de escrita – podem ser considerados letrados.

Utilizamos a língua escrita todos os dias, não é mesmo? Por exemplo, você a usa para se comunicar com sua família, com os colegas de trabalho, bem como nas diferentes áreas sociais de que você participa, além das novas esferas das quais passa a fazer parte em virtude das relações que estabelece rotineiramente, dada a dinâmica da mobilidade humana no meio social (Rodrigues, 2011).

Dessa forma, podemos entender o letramento como um fenômeno que diz respeito aos usos sociais da escrita, no sentido de que há uma grande convivência social, com demandas expressivas em torno da língua em sua modalidade escrita, as quais não se limitam à realidade escolar. De acordo com Rodrigues (2011, p. 128, grifo do original), "Há, muitas vezes, sujeitos não escolarizados que, apesar de não dominarem o código alfabético, fazem usos da língua escrita *decorando* a identificação de linhas de ônibus, nomes de ruas e congêneres, necessários à sua mobilidade social".

Nessa visão contemporânea fundamentada em dimensões sociológicas e antropológicas, o letramento se relaciona não apenas aos usos sociais da escrita como também às práticas sociais que envolvem o processo de escolarização, tanto incorporando-o quanto indo além desse processo. Isso porque desvincula a ideia de alfabetização à de aprendizagem exclusiva do sistema de escrita de uma língua, revelando-se em práticas sociais de maior complexidade, decorrentes da presença da escrita na vida cotidiana.

Hoje em dia, somos afetados pela escrita independentemente dos espaços sociais que ocupamos. Obviamente, em alguns núcleos urbanos, há um desenho mais efetivamente grafocêntrico; em outros, a escrita pode não ter essa natureza central dos processos interacionais, mas está presente de algum modo e afeta as relações humanas em certa medida, atingindo até mesmo sujeitos não escolarizados (Rodrigues, 2011).

Sob essa perspectiva, o letramento vai além da concepção de alfabetização escolar, tradicionalmente restrita à aprendizagem da leitura e da escrita, sem relação direta com os usos sociais em torno dessas habilidades. De fato, na realidade histórica brasileira, observa-se um aumento progressivo do conceito de alfabetização em direção ao de letramento:

> A partir do conceito de *alfabetizado*, que vigorou até o Censo de 1940, como aquele que declarasse saber ler e escrever, o que era interpretado como capacidade de escrever o próprio nome; passando pelo conceito de *alfabetizado* como aquele capaz de ler e escrever um bilhete simples, ou seja, capaz de não só saber ler e escrever, mas de já exercer uma prática de leitura e escrita, ainda que bastante trivial [...]. (Soares, 2004, p. 7, grifo do original)

Ao longo dos anos, o conceito de alfabetização se modificou significativamente. Hoje, não basta apenas saber ler e escrever; é preciso também saber usar a linguagem de forma crítica e reflexiva em diferentes contextos e situações. Por isso, devemos ampliar nossa visão de alfabetização para o que chamamos de letramento, noção que envolve não apenas o domínio da língua como também sua relação com a sociedade e a cultura. Sob essa ótica, os educadores têm o desafio de construir uma escola que leve em conta essa realidade e que prepare os estudantes para serem cidadãos ativos e participantes.

Desse modo, é necessário que as instituições escolares ofereçam oportunidades de leitura e escuta que estimulem a compreensão ativa, e não somente a mera decodificação e o silêncio. Em outras palavras, que as atividades de fala e escrita tenham como finalidade a expressão e a comunicação por meio de textos, e não a simples correção do produto; que as situações didáticas sejam planejadas para que os estudantes possam pensar sobre a linguagem e usá-la adequadamente em diversos contextos (Brasil, 2001).

E o que significa usar a linguagem adequadamente em diversos contextos? A resposta a essa pergunta depende muito das mudanças que ocorrem na sociedade ao longo da história, as quais afetam a forma como nos comunicamos e interagimos. De acordo com Rodrigues (2011, p. 128),

> O que estamos querendo dizer é que, em nossas sociedades contemporâneas, marcadas crescentemente pela presença da língua escrita, os usos dessa modalidade tendem a se diversificar e se expandir a cada dia; processo marcado pela presença da tecnologia e pela paulatina automação dos serviços de todo tipo.

Isso significa que a escola precisa estar atenta às novas demandas e possibilidades que a tecnologia traz para a linguagem. Muitos pensavam que os avanços tecnológicos seriam capazes de criar ferramentas que viriam a substituir o livro e a escrita pelo mundo virtual e pela imagem, mas isso não aconteceu. Pelo contrário, a tecnologia atual exige que os usuários da língua tenham mais competência na escrita para se comunicarem com eficiência em um mundo cada vez mais conectado e dinâmico. Portanto, para participarmos plenamente da sociedade em consonância com os avanços históricos e tecnológicos, temos de desenvolver e aprimorar nossa competência e nosso domínio da língua em suas diversas modalidades. Ou seja, precisamos de níveis mais elevados de letramento que nos permitam ler e interpretar os diferentes textos que circulam e variam no tecido social. E você, como se sente em relação ao seu letramento? De que modo usa a linguagem em diferentes situações? Como você pode melhorar suas habilidades linguísticas?

trêspontocinco
Aquisição da leitura e da escrita

O processo de aprendizado da leitura e da escrita começa muito antes de entrarmos na escola. As crianças que convivem com a escrita, mesmo sem saber ler, já pensam e formulam hipóteses sobre o que significa cada palavra. Essas hipóteses vão se modificando desde a fase pré-silábica, em que a criança não tenta representar os sons da fala na escrita, até chegar ao padrão alfabético, no qual ela associa as letras aos sons. Assim, quando faz rabiscos no papel e diz que está escrevendo, ela está investigando a escrita e avançando em sua aprendizagem. Por isso, é importante que os professores incentivem e valorizem essas tentativas.

Ademais, também é fundamental que os educadores pesquisem e se mantenham atualizados a respeito das teorias e dos estudos que explicam a origem desse processo, buscando recursos que os ajudem a resolver as dificuldades e as dúvidas que possam surgir. Para que os estudantes aprendam a escrever, é necessário que os professores leiam muito e adquiram informações e conhecimentos, a fim de que possam compreender em maior profundidade como funciona o processo de leitura e escrita. Além disso, é mandatório fazer da leitura uma prática cotidiana no ambiente escolar, a fim de contribuir com os alunos já na etapa do relacionamento precoce com os livros, o qual pode influenciar sumariamente seus hábitos de leitura no futuro.

Nessa ótica, os Parâmetros Curriculares Nacionais destacam a importância da leitura e afirmam que as escolas devem contar com um espaço privilegiado, para que os leitores desenvolvam suas estratégias e se tornem proficientes (Brasil, 2001).

Quando planejada, a leitura também repercute na escrita, um recurso expressivo que amplia o repertório linguístico, entre outros aspectos, na aprendizagem da língua. Aqui, novamente ressaltamos o papel do professor e da escola, pois nesse ambiente de "suposta leitura" o estudante aperfeiçoa, interpreta e (d)escreve o mundo.

Outro aspecto a ser salientado diz respeito ao fato de que, na escola, lemos para, efetivamente, ler fora dela, ou seja, na família, no trabalho, nos grupos sociais de que fazemos parte. Esse contexto nos desafia a fazer da leitura algo que transcenda sua finalidade estritamente pedagógica.

No contexto educativo, o professor é o parceiro, mediador, articulador de muitas e diferentes leituras, de muitos e diferentes textos. Agindo assim, ele é o responsável pela interdisciplinaridade, pois faz incursões pelos diversos campos do conhecimento.

Esse trabalho implica revelar os argumentos de cada texto sem se prender às rotinas burocratizadas da escola, de modo a tornar o ato da leitura um momento único, voltado para a fantasia, a criação, a elaboração de novos textos, o questionamento e a reflexão, levando o leitor, dessa forma, a se posicionar criticamente diante de um texto.

As atividades de pré-leitura são fundamentais para o bom andamento da leitura e da escrita, pois consistem em fazer inferências sobre o texto antes de lê-lo. Depois, vem a leitura efetiva do texto, em que se selecionam os sentidos mais adequados para interpretá-lo.

No ambiente escolar, uma forma de tornar esse processo mais dinâmico é fazer a leitura compartilhada, para que o professor e os alunos estabeleçam previsões acerca do texto, tirem dúvidas e troquem ideias. Além disso, é possível ler diversos tipos de texto, comparando-os com outros; nessa atividade de leitura, o professor cria expectativas e interesses nos estudantes e, principalmente, propõe novas situações pedagógicas que favoreçam a escrita.

Nesse sentido, o professor pode utilizar outros objetos de leitura além do texto literário, tais como uma pintura, uma gravura ou um quadro, que também são formas de linguagem. Isto é, realiza-se a leitura de uma obra de arte e, depois, procura-se expressar por escrito o que ela significa. Ainda, é possível recorrer a filmagens, dramatizações, saraus literários, debates, textos jornalísticos, paródias e recursos de multimídia para desenvolver atividades que levem à reflexão, à discussão e à produção escrita de vários textos, estimulando nos estudantes o prazer e o gosto pela leitura e pela composição.

No trabalho de escrita, sugere-se que os educandos produzam textos na perspectiva dos gêneros, pois isso favorece o contato com a diversidade textual que circula socialmente. Contudo, é necessário que o professor tenha bom senso e entendimento, a fim de que a atividade de produção escrita seja gradual; assim, periodicamente, pode-se retomar esse estudo, aprofundá-lo e ampliá-lo, de acordo com a faixa etária, as habilidades linguísticas e o tema de interesse.

Ademais, também é possível fazer leituras a partir da intertextualidade que o texto lido estabelece, o que contribui para ampliar os conhecimentos a respeito do sistema literário e de outros que frequentemente recorrem a elementos da literatura. A intertextualidade é a característica de os textos dialogarem entre si. Podemos encontrar elementos intertextuais na literatura e também em outros textos de expressão.

Partindo disso, reforçamos a importância de que as escolas promovam situações que favoreçam a leitura e, consequentemente, a escrita, bem como permitam a realização de muitas atividades com base em textos literários ou não por estudantes que têm vivências, habilidades e valores diferentes. Cabe ao professor, então, possibilitar que seus alunos interpretem e reescrevam o que compreendem do modo como quiserem.

Considerando o exposto, você concorda que a leitura da palavra vem depois da leitura do mundo? É isso o que Freire (1997) defende. O pedagogo brasileiro também destaca a importância crítica da leitura e da escrita, mostrando o papel do professor, que deve vivenciar uma prática concreta de construção da história, colocando o estudante em um processo criativo no qual ele é sujeito.

Para Freire (1997), o ato de ler é marcado pela experiência existencial, ou seja, primeiro, o sujeito lê o mundo em que vive, para, depois, ler a palavra. Porém, no ambiente escolar, nem sempre essa leitura corresponde à realidade especial que o estudante conhecia: seu ponto de vista, sua primeira leitura de palavras e letras e suas descobertas cotidianas na convivência com os seus familiares não são mais levados em conta na escola, isto é, sua história perde a importância.

Nessa relação com o texto, um leitor, como um ser crítico, reage, problematiza e questiona, fazendo com que sua leitura e sua história sejam escutadas e compartilhadas. Assim, segundo Saraiva (2001, p. 27),

> a importância da relação aluno-texto expressa-se de modo ainda mais significativo quando se conjuga o desafio de apropriação do código escrito. Aí a leitura é mais do que uma descoberta e revelação: é posse da linguagem enquanto forma-substância que conduz à autocompreensão e ao estabelecimento de mais ricas relações interpessoais.

Na perspectiva indicada pela autora, o leitor/aluno (ou estudante), por meio da reflexão, forma os referenciais e os sentidos sugeridos no texto, encontrando novas possibilidades de existência no mundo e com o mundo, as quais se formam e se constituem no processo de aquisição da escrita.

De acordo com os Parâmetros Curriculares Nacionais de Língua Portuguesa, a atividade de leitura em sala de aula constitui uma possibilidade de trabalho proveitoso e representa uma prática de enorme valor, na medida em que permite o acesso às mais variadas formas de interação verbal. Atividades dessa natureza oferecem a oportunidade de lidar com a escrita com vistas à autonomia dos alunos. Em se tratando de recursos expressivos, a inserção no mundo da escrita amplia as possibilidades linguísticas, abrindo caminhos para a aprendizagem da língua (Brasil, 2001).

Síntese

Quadro 3.2 – **Síntese dos conteúdos do capítulo**

Linguagem	Capacidade de comunicação por meio de sinais convencionais, abrangendo diversas formas, como as linguagens verbal e não verbal.
Língua	Sistema específico de linguagem, composto por expressões e palavras de determinado grupo e que segue regras gramaticais, podendo variar conforme o contexto e os falantes.
Linguagem verbal	Utilização de palavras para expressar ideias, desejos, sentimentos, opiniões, seja na forma falada, seja na forma escrita.
Linguagem não verbal	Comunicação por meio de sinais que não envolvem palavras, como gestos, imagens e gráficos.
Coerência textual	Articulação de ideias para produzir textos com sentido, facilitando a compreensão do leitor.

Atividades de autoavaliação

1. Segundo Terra (1997), qual das seguintes opções melhor descreve a relação entre língua e linguagem?
   a. A língua é um sistema de sinais convencionais que permite realizar atos de comunicação.
   b. A língua é a única forma de linguagem que permite a comunicação eficaz entre as pessoas.
   c. A língua é uma forma de linguagem não verbal que expressa emoções e ideias sem palavras.
   d. *Língua* e *linguagem* são termos intercambiáveis que se referem ao mesmo fenômeno.
   e. A língua é um tipo específico de linguagem que utiliza palavras seguindo certas regras de uso.

2. Ferdinand de Saussure é considerado o pai da linguística moderna porque:
   a. definiu a linguagem como um fenômeno exclusivamente social.
   b. propôs uma nova forma de estudar a língua com base em princípios científicos.
   c. estabeleceu a diferença entre língua e linguagem.
   d. criou o conceito de objeto para analisar a linguagem em seus aspectos individuais e sociais.
   e. dedicou sua vida a produzir uma teoria que desconsiderasse a metodologia científica.

3. Qual é o elemento essencial que garante que um texto seja compreendido pelo leitor?
   a. A quantidade de textos ao nosso redor.
   b. A presença de textos em diferentes formatos e mídias.
   c. A coerência textual como princípio básico para a produção de textos com sentido.
   d. O uso de textos verbais e não verbais na comunicação.
   e. A intuição do escritor ao produzir textos.

4. Qual é a importância da concepção sociodiscursiva da linguagem nos estudos da linguística aplicada?
   a. Serve apenas para registrar e preservar usos consagrados da língua.
   b. Ajuda a manter a divisão entre as disciplinas que estudam a linguagem.
   c. Limita o ensino da Língua Portuguesa ao domínio da leitura e da escrita.
   d. Contribui para a integração dos conceitos científicos com a formação humana integral.
   e. Promove a revisão dos conceitos cristalizados de norma culta e erro gramatical.

5. Qual é o papel do professor no processo de aprendizagem da leitura e da escrita?
   a. Atuar como parceiro, mediador e articulador de diferentes leituras e textos.
   b. Limitar as atividades de leitura e escrita ao ambiente escolar.
   c. Incentivar os alunos a memorizar as palavras para acelerar o processo de leitura.

d. Desencorajar as tentativas dos alunos de explorar a escrita antes de aprender a ler.

e. Focar exclusivamente o ensino da gramática normativa.

Atividades de aprendizagem

Questões para reflexão

1. Com base na concepção de que a língua é um organismo vivo e em constante mudança, como você percebe a relação entre a linguagem que você usa no dia a dia e as normas prescritas pela gramática tradicional? Em sua opinião, a forma como você se comunica reflete sua identidade e cultura ou você sente que precisa se adaptar às normas para ser compreendido?

2. Refletindo sobre o conceito de letramento e a importância da leitura e da escrita na formação do cidadão crítico e participativo, de que maneira você avalia o papel da educação linguística em sua vida? Como as práticas de leitura e escrita contribuem para o seu desenvolvimento pessoal e profissional e em que medida influenciam sua participação na sociedade?

Atividade aplicada: prática

1. Realize uma série de entrevistas com indivíduos de diferentes faixas etárias e profissões para investigar como as práticas de letramento verbal e não verbal estão presentes na vida cotidiana deles. Analise as respostas dos entrevistados para identificar padrões de uso da linguagem e reflita sobre como tais padrões se relacionam com os conceitos teóricos examinados no estudo acerca de linguagem, língua e letramento.

um A leitura
dois A relação com o texto
três A linguagem
quatro Os gêneros discursivos
cinco As práticas sociais
seis A era digital

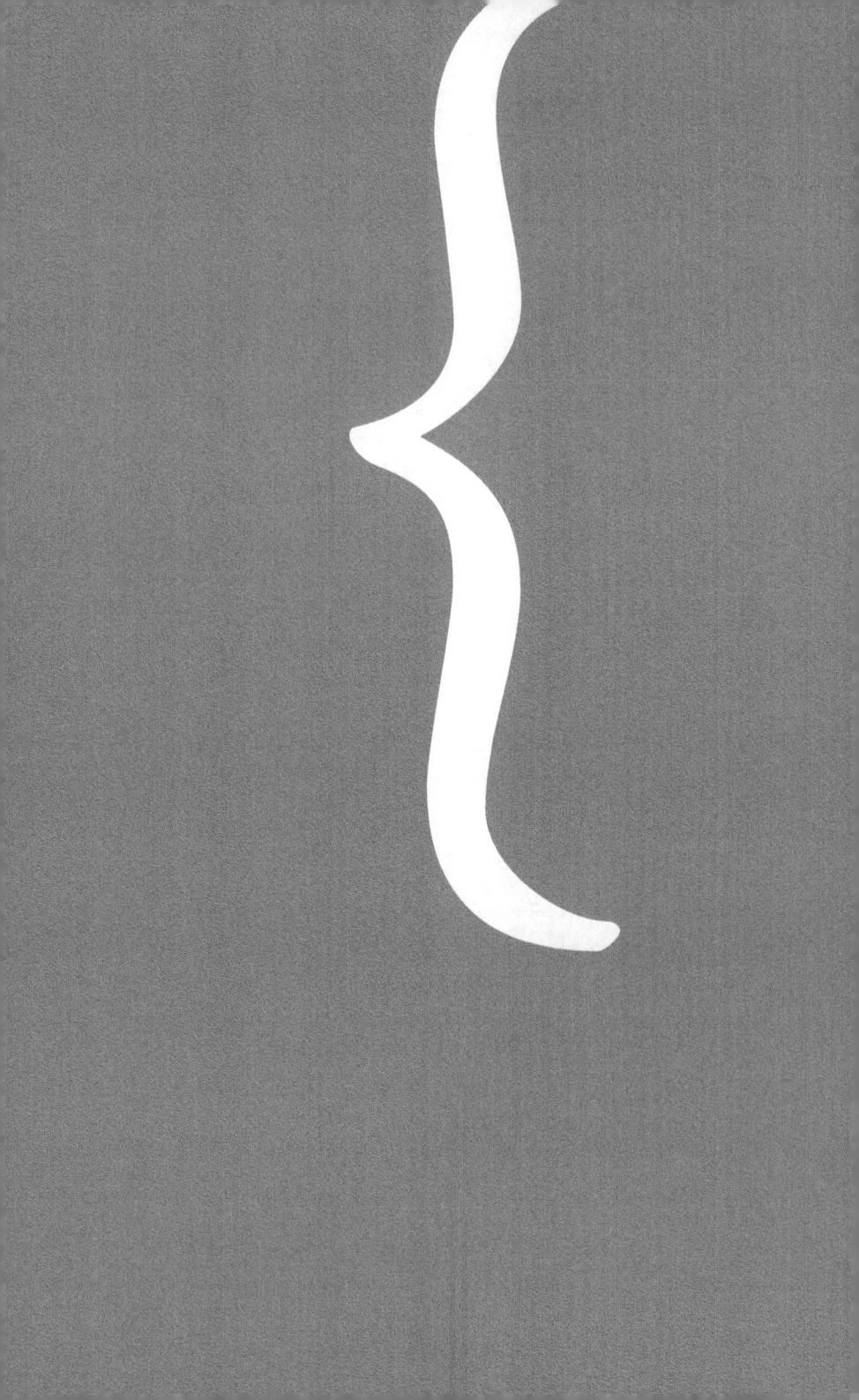

❰ NESTE CAPÍTULO, VOCÊ **vai:**

+ conhecer as raízes e a evolução dos gêneros textuais, desde sua concepção na Antiguidade até sua aplicação contemporânea;
+ analisar a perspectiva de Faraco (2003) sobre a origem da palavra *gênero* e sua relação com a ideia de gerar, produzir e criar;
+ discutir as categorizações de Platão a respeito dos textos nos gêneros lírico, dramático e épico e o modo como essas formas influenciam a expressão textual;
+ examinar a perspectiva ampliada de Bakhtin (1997) acerca dos gêneros discursivos, considerando todo texto, oral ou escrito, como parte de um gênero específico;
+ compreender os gêneros primários e secundários e a maneira como eles se manifestam em distintos contextos sociais;

- desenvolver a habilidade de resumir textos, aprendendo a sintetizar ideias de forma clara e concisa;
- praticar a elaboração de resumos expandidos e resenhas, técnicas que permitem uma análise mais profunda e crítica;
- aprender sobre o fichamento, essencial para a organização e a revisão de informações.

Ao final deste capítulo, você terá uma compreensão sólida dos gêneros discursivos e estará equipado com as ferramentas necessárias para analisar e produzir os gêneros discutidos aqui.

quatropontoum
Gêneros e tipologias textuais

Existem diferentes formas de escrever e falar e, a depender do que queremos expressar, podemos optar por diferentes modos de usar a linguagem. Esses modos são chamados de gêneros.

A palavra *gênero* vem do latim e significa "gerar, produzir, criar". Faraco (2003) comenta que esse termo é empregado desde Platão para separar os textos nos gêneros lírico, dramático e épico. O autor também explica que a palavra *gênero* serve para agrupar tipos de textos que têm características ou propriedades parecidas. É como se os textos fossem parentes, descendentes de um mesmo ancestral. Assim, podemos reconhecer e classificar os textos de acordo com o seu gênero.

Bakhtin (1997) argumenta que todo texto que produzimos ou recebemos, oral ou escrito, pertence a um gênero. O autor afirma que os gêneros têm uma estabilidade relativa, isto é, não costumam ser alterados com o passar dos anos, e que aprendemos os gêneros na sociedade em que vivemos. Nessa perspectiva, ele os divide em primários e secundários.

Os gêneros primários são aqueles que usamos no dia a dia, em conversas com amigos, familiares etc. Por seu turno, os gêneros secundários são empregados em situações mais formais, como em uma teatro, em artigos científicos, entre outros exemplos.

> IMPORTANTE!
>
> Mikhail Mikhailovich Bakhtin, nascido em 1895, concluiu seus estudos em História e Filologia na Universidade de São Petersburgo. Foi durante esse período que ele começou a organizar reuniões com intelectuais de diversas áreas para debater sobre linguagem, arte e literatura, dando origem ao que hoje conhecemos como Círculo de Bakhtin.

Marcuschi (2002) explica a distinção entre tipo e gênero textual. Segundo ele, os tipos textuais são as formas básicas de organizar um texto, como a narração, a descrição, a argumentação, a exposição e a injunção. Os gêneros textuais, por outro lado, representam os modos específicos de realizar um texto, a exemplo do telefonema, da carta, do romance, entre outros. O autor também menciona que os tipos textuais podem aparecer dentro de um gênero combinados ou não. Por exemplo, uma carta pode ter partes narrativas, descritivas e argumentativas. Por isso, quando falamos ou escrevemos, sempre usamos algum gênero que contém um ou mais tipos textuais. A esse respeito, observe o Quadro 4.1.

Quadro 4.1 – TIPOS E GÊNEROS: DEFINIÇÃO E FUNCIONALIDADE

	Tipos textuais	Gêneros discursivos
Definição	São as estruturas e características que um texto pode ter. Os cinco tipos principais são: narrativo, descritivo, dissertativo, expositivo e injuntivo.	São as diversas formas que um texto pode assumir de acordo com aspectos como contexto de uso, finalidade e formato. Exemplos: carta, artigo de opinião, conto, poema.
Variedade	Limitada a cinco tipos principais.	Praticamente ilimitada, continuamente evoluindo e adaptando-se às necessidades da sociedade.
Contexto	Não depende do contexto em que é usado.	Fortemente dependente do contexto, do público-alvo e do propósito da comunicação.
Estrutura	Cada tipo tem uma estrutura específica que deve ser seguida.	A estrutura pode variar amplamente conforme as convenções associadas a cada gênero.

Marcuschi (2002) argumenta que os gêneros são flexíveis e dinâmicos, ou seja, podem mudar e se adaptar ao longo do tempo. O linguista conta que antigamente, nas sociedades que não tinham a escrita, os gêneros eram poucos e simples; porém, com o surgimento da cultura impressa, da industrialização e, mais recentemente, da tecnologia, os gêneros se multiplicaram e se diversificaram.

As novas tecnologias criam possibilidades de comunicação, mas também mantêm algumas características dos gêneros antigos. Um exemplo disso é o e-mail, que tem como antecessores as cartas pessoais ou comerciais e o bilhete.

4.1.1 Texto narrativo

Você gosta de contar ou ouvir histórias? Em geral, recorremos à narração para relatar uma história, um fato ou um ato, que pode ser real ou inventado. A narração é muito usada na linguagem profissional, como em relatórios, termos de audiências e atas, entre outros exemplos, mas também é muito frequente na literatura, a exemplo de contos, romances e crônicas.

Quando lemos ou escrevemos uma narrativa literária, normalmente nos envolvemos com os personagens e o enredo, que são os elementos principais da história. Nessa ótica, o escritor utiliza vários recursos para tornar seu texto mais interessante e atrativo para os leitores. Por isso, na escola, o professor deve explorar esses recursos com os estudantes, para que eles possam entender melhor como funciona uma narração.

Uma narração tem uma estrutura básica que pode ser dividida em quatro partes:

1. **Apresentação:** parte inicial da narração, na qual o escritor apresenta o cenário, o tempo, as circunstâncias e os personagens da história. É como se ele nos situasse no contexto em que a história vai acontecer.
2. **Conflito:** parte em que a história começa a se desenvolver, onde o escritor mostra as mudanças, os problemas, os obstáculos e os desafios que os personagens vão enfrentar. É como se ele nos envolvesse na trama, fazendo-nos torcer ou temer pelo que vai acontecer.
3. **Clímax:** a parte mais intensa da narração, em que o escritor mostra o ponto máximo da tensão, da emoção, da ação da história. É como se ele nos surpreendesse ou nos chocasse com o que vai acontecer.
4. **Desfecho:** parte final da narração, na qual o autor mostra a solução, a conclusão, a resolução da história. É como se ele nos satisfizesse ou nos frustrasse com o que aconteceu.

Como podemos perceber, as diferentes partes da narração são fundamentais para que sejamos eficazes ao produzir e compreender histórias. Elas nos ajudam a organizar a narrativa de maneira lógica, coerente e criativa, expressando o sentido que desejamos transmitir, bem como nos permitem escolher as formas mais adequadas para cada gênero narrativo, de acordo com o efeito que queremos provocar nos leitores.

4.1.2 Texto descritivo

Você já tentou descrever algo que viu ou sentiu? Nós usamos a descrição para mostrar cenas, seres ou objetos utilizando a linguagem.

Na produção textual, o aspecto descritivo representa a principal estratégia para os leitores visualizarem o cenário, os personagens e os objetos de determinada ação. Como exemplos de textos descritivos, podemos citar romances, novelas, contos, textos de jornais e revistas, dicionários, textos científicos, entre outros.

Quando descrevemos algo, podemos recorrer a dois tipos de linguagem: a denotativa e a conotativa. A **linguagem denotativa** é aquela que reproduz o objeto de modo fiel, objetivo, sem figuras de linguagem. Já a **linguagem conotativa** idealiza o objeto subjetivamente, ou seja, de maneira expressiva, por meio de figuras de linguagem, como comparações e metáforas.

Além disso, quando elaboramos um texto descritivo, escolhemos um ponto de vista, que pode ser o nosso ou o de outra pessoa, e organizamos as ideias com o objetivo de informar, convencer, transmitir impressões, sentimentos e emoções. A descrição também pode aparecer em textos argumentativos, fornecendo dados que sustentem a opinião dos autores.

4.1.3 Texto argumentativo

Você já se envolveu em uma discussão com alguém cujas ideias eram diferentes das suas? Utilizamos justamente a argumentação para defender ideias, opiniões ou pontos de vista. Trata-se de uma forma de ampliar o debate sobre um assunto ou tema, com o objetivo de influenciar, persuadir ou convencer. Em geral, um argumento vem acompanhado de provas e técnicas de convencimento, a fim de fazer com que as pessoas concordem ou mudem de opinião.

Um texto argumentativo pode ser produzido a partir de uma intenção, a qual, segundo Koch (1984), determina a escolha e a elaboração da estratégia argumentativa, desde a seleção do tema e a organização até os recursos linguísticos e estilísticos a serem usados para melhor persuadir o leitor.

Ademais, os textos argumentativos são estudados por várias áreas do conhecimento, como a análise do discurso, a linguística do texto e a pragmática, que se dedicam a entender melhor de que modo os textos argumentativos funcionam e quais são suas características, estratégias e finalidades, entre outros aspectos.

4.1.4 Texto injuntivo

O texto injuntivo consiste em um tipo textual que, geralmente, provoca uma ação ou reação por parte de quem o lê. A intenção é estimular os sentidos e convencer o leitor a respeito de algo. É o caso, por exemplo, quando alguém diz: "Investigue e descubra se o rapaz estudou e qual é sua posição social". O mesmo pode ser observado quando uma pessoa afirma: "O melhor jeito de fazer a moça dormir é dar um chá de camomila".

Essas são algumas características do texto injuntivo, que frequentemente é encontrado em receitas, manuais, propagandas, cartazes etc.

quatropontodois
Resumo

É bastante comum nos depararmos com a tarefa de resumir textos. Você já se perguntou por que essa habilidade é tão valorizada e solicitada por professores e em publicações acadêmicas?

A arte de resumir não constitui apenas uma exigência formal; é uma ferramenta poderosa que nos permite captar e transmitir a essência de um texto, destacando o que é verdadeiramente relevante.

Desde os primeiros anos escolares, somos introduzidos ao exercício do resumo. Por meio dessa prática, aprendemos a destilar as ideias centrais de um texto, aprimorando nossa capacidade de síntese, objetividade e clareza. Tais habilidades são indispensáveis não só na vida acadêmica como também na esfera profissional e, até mesmo, na pessoal.

Neste momento, você pode estar pensando que condensar um texto em poucas linhas é um desafio e tanto. E você está certo, pois não é uma tarefa simples. Todavia, existem estratégias e dicas que podemos seguir para elaborar resumos eficazes. Embora possa parecer complicado no início, com prática e orientação, você verá que é possível desenvolver resumos claros e concisos.

> ## Indicação cultural
>
> ABNT – Associação Brasileira de Normas Técnicas. Disponível em: <https://abnt.org.br/>. Acesso em: 15 jun. 2024.
>
> As normas vigentes no Brasil para os resumos inseridos em trabalhos científicos e acadêmicos são estabelecidas pela Associação Brasileira de Normas Técnicas (ABNT). É importante consultar o *site* da ABNT para se manter atualizado sobre essa temática.

Um resumo eficaz não é somente constituído de um agrupamento de informações; é uma arte que exige discernimento e habilidade. Segundo Fiorin e Platão (2001), resumir consiste em destilar a essência de um texto, preservando suas ideias centrais ou fatos. Portanto, ao elaborarmos um resumo, não estamos simplesmente reduzindo um texto ao seu esqueleto essencial, mas engajando o leitor em um diálogo com o autor da obra original.

Ao destacarmos as informações importantes de um livro, artigo, filme ou peça teatral, convidamos o leitor a interpretar e analisar o conteúdo, promovendo uma compreensão mais profunda.

Conforme Fiorin e Platão (2001), um resumo deve conter as partes vitais do texto original, atentando para a sequência e a inter-relação dessas partes. Ao resumir, de acordo com Machado, Lousada e Abreu-Tardelli (2004), é importante reconhecer que as ideias apresentadas são reflexos do pensamento do autor original, e não criações nossas. Assim, quando nos debruçamos sobre um resumo, não estamos somente oferecendo ao leitor as ideias principais do texto original; mais do que isso, estamos lhe fazendo um convite à reflexão sobre a interconexão dessas ideias.

Lembre-se de que é absolutamente fundamental creditar o autor do texto-fonte, trazendo à tona seus argumentos e suas perspectivas. Para tanto, é possível recorrer a marcadores linguísticos que resgatem a voz do autor, tais como "conforme fulano...", "segundo beltrano...", entre outros. Os verbos escolhidos para estabelecer o devido vínculo com o autor do texto original devem conferir-lhe autoridade, como em: "o autor argumenta...", "o autor sugere...", "fulano ilustra..." e "beltrano analisa...".

Por fim, é importante assegurar que o resumo esteja gramaticalmente correto e seja compreensível, permitindo ao leitor obter uma visão holística dos conceitos articulados.

Resumir, portanto, consiste em uma prática complexa e multifacetada, não é verdade? Entendemos que um resumo se molda de acordo com o destinatário, o autor, o gênero, o local de circulação e o objetivo. Por isso, a seguir, convidamos você a refletir sobre os pontos fundamentais de três tipos de resumo, conforme delineado por Fiorin e Platão (2001): o resumo de estudo, o resumo de trabalho e o resumo para evento.

O **resumo de estudo** é aquele que nos acompanha na elaboração de textos acadêmicos. Ele não apenas informa como também se constitui em um espelho de nossa compreensão pessoal sobre o conteúdo lido. Assim, ao resumirmos, focamos as ideias principais, demonstrando nossas capacidades de síntese e entendimento. O resumo de estudo pode ser uma ferramenta valiosa tanto para atender às solicitações dos professores quanto para nosso próprio aprofundamento e fixação do conhecimento.

Por seu turno, o **resumo de trabalho** não é apenas uma apresentação concisa; ele "encapsula a essência do artigo que se seguirá"

(Motta-Roth; Hendges, 2010, p. 152). No universo acadêmico, estamos constantemente engajados na produção de textos que refletem nossas pesquisas e descobertas. Desse modo, ao nos depararmos com um desses trabalhos, que pode ser um artigo, uma monografia, uma dissertação ou uma tese, encontraremos um resumo que nos servirá como uma janela para o universo contemplado.

Ainda na esfera acadêmica, não raro nos colocamos na posição de comunicar a essência de nossos trabalhos e nossas pesquisas por meio de resumos, especialmente em eventos acadêmicos. Nesse contexto, o resumo para evento não deve ser acompanhado pelo trabalho completo, o que demanda dos autores uma riqueza de detalhes suficiente para engajar e convencer os leitores acerca da importância da pesquisa. Como leitores críticos, devemos ser capazes de discernir a relevância do estudo com base nesse breve texto.

Tendo em vista o exposto, podemos compreender que a elaboração de um resumo eficaz pressupõe um entendimento integral do conteúdo original. Sob essa perspectiva, a leitura atenta e a compreensão total são pré-requisitos para a construção de um resumo que transcenda a mera reprodução de frases e que revele uma verdadeira assimilação do texto. Ou seja, se o resumo se limitar a copiar partes do texto original, isso indicará que seu autor não atingiu o nível necessário de entendimento.

quatropontotrês
Resumo expandido

Como mencionamos anteriormente, frequentemente nos deparamos com a necessidade de sintetizar nossas leituras. Para isso, podemos recorrer à ferramenta do resumo expandido, a qual nos permite compartilhar nossas ideias com um público mais amplo, mantendo a profundidade e o rigor acadêmico.

Essencialmente, o resumo expandido é uma versão estendida do resumo tradicional. Enquanto um resumo típico pode ter entre 150 e 250 palavras, um resumo expandido geralmente contém entre 500 e 1.000 palavras. Ele oferece espaço suficiente para que o autor detalhe os pontos principais de uma pesquisa ou de um estudo, incluindo o contexto, a metodologia, os resultados e as conclusões (Motta-Roth; Hendges, 2010).

A principal função do resumo expandido é servir como um meio de comunicação entre o autor e o público leitor. Esse texto deve:

- apresentar uma visão geral clara e objetiva do trabalho;
- destacar a relevância e a contribuição da pesquisa para a área de conhecimento;
- estimular o interesse e a curiosidade do leitor para o estudo completo.

Para escrever um resumo expandido eficaz, é importante seguir alguns passos, a saber:

- **Introdução:** contextualizar o tema e apresentar a problemática abordada na pesquisa.
- **Metodologia:** descrever os métodos utilizados para conduzir o estudo.
- **Resultados:** relatar os principais achados de forma objetiva.
- **Conclusões:** indicar as implicações dos resultados e as possíveis direções para futuras pesquisas.

Ao elaborarmos um resumo expandido, não precisamos nos limitar a transmitir informações. Isto é, podemos convidar o leitor a refletir acerca das questões abordadas, fazer perguntas retóricas, sugerir aplicações práticas e estabelecer relações entre nosso trabalho e debates mais amplos na área (Severino, 2010). Assim, transformamos o resumo expandido em um ponto de partida para um diálogo enriquecedor entre nós, autores, e os leitores, em torno dos temas que nos apaixonam.

Lembre-se de que essa técnica não consiste somente em um relatório. Trata-se de uma ponte para a interação intelectual. Ao produzir esse texto, você está se aproximando do leitor e convidando-o a participar de uma jornada de exploração e descoberta em sua área de estudo.

quatropontoquatro
Resenha

Como autores críticos, é fundamental que procuremos refletir sobre as obras que permeiam nossa vida acadêmica e profissional.

Especificamente na esfera acadêmica, ao escrever uma resenha, você deve considerar que está dialogando não apenas com o texto, mas também com o seu professor ou tutor, que espera uma análise perspicaz e uma opinião fundamentada acerca da obra.

A resenha, portanto, é mais do que uma expressão de sua visão; é uma estrutura que organiza e conduz o leitor por um caminho de compreensão e crítica. Em uma resenha, temos de ser diretos, alternando entre a descrição detalhada e a crítica incisiva. Ao equilibrar esses elementos, você demonstrará não só sua habilidade de síntese como também sua capacidade de avaliação crítica (Machado; Lousada; Abreu-Tardelli, 2004).

Com efeito, deparamo-nos com a tarefa de analisar e interpretar diversas formas de arte e conhecimento. Evidentemente, você está imerso nesse universo, no qual a resenha se apresenta como uma ferramenta essencial.

Aqui, focaremos os dois principais tipos de resenha a serem considerados: a resenha-resumo e a resenha-crítica.

A resenha-resumo representa nossa forma de sintetizar o conteúdo de uma obra – que pode ser o capítulo de livro, um filme, uma peça teatral ou mesmo um livro inteiro – sem tecer julgamentos de valor. Nesse tipo de resenha, o objetivo deve ser claro: informar o leitor de maneira objetiva e informativa (Didio, 2013).

Por outro lado, a resenha-crítica vai além da síntese. Nela, não só resumimos o conteúdo como também exercemos nossa capacidade crítica, avaliando e apresentando os aspectos positivos e negativos da obra. Trata-se de um tipo de texto duplamente enriquecedor, pois combina informação e opinião, permitindo que o leitor forme a própria interpretação acerca do texto resenhado (Didio, 2013).

Portanto, a resenha é um gênero textual que deve exibir qualidades como simplicidade, clareza, concisão, precisão e objetividade. Tais atributos são fundamentais e, não por acaso, devem ser considerados para a escrita de uma resenha com excelência.

No entanto, lembre-se de que, acima de tudo, a familiaridade com a obra é essencial. Dessa maneira, antes de produzir uma resenha, o primeiro passo é fazer a leitura inicial do texto que se deseja resenhar, a qual deve ser rápida, mas abrangente, a fim de captar a essência da obra (Didio, 2013). Nesse momento, não é necessário ocupar-se com anotações detalhadas.

A releitura representa o segundo passo crucial, isso porque, frequentemente, detalhes importantes nos escapam na primeira leitura. É nessa etapa que nos aprofundamos no texto, sublinhando e esquematizando as ideias principais e estabelecendo conexões entre elas (Didio, 2013). Então, podemos questionar e anotar nossas dúvidas, incentivando uma reflexão mais profunda sobre o texto.

Por fim, o processo de reflexão é vital. É extremamente benéfico reservar um tempo para ponderar e reavaliar as anotações feitas anteriormente, com o objetivo de formar uma opinião crítica e, até mesmo, buscar perspectivas alternativas que contribuam para enriquecer a resenha (Didio, 2013). Uma pausa de reflexão entre 24 e 72 horas é ideal para que as ideias permaneçam frescas na memória.

quatropontocinco
Fichamento

No ambiente acadêmico, encontramos uma grande variedade de técnicas de estudo e documentação. Entre elas, o fichamento se destaca como prática essencial para estudantes e pesquisadores. Mas, afinal, o que caracteriza essa técnica de síntese e de que forma ela pode ser efetivamente elaborada?

O fichamento permite ao autor organizar informações e reflexões sobre um texto lido. Normalmente, ele é estruturado de modo a condensar as ideias centrais e secundárias do texto original, facilitando a revisão e o estudo posterior (Macedo, 1994).

Em geral, o fichamento é utilizado como um recurso para as seguintes finalidades:

* Consolidar o aprendizado: ao transcrever e reorganizar as ideias do texto, você solidifica o conhecimento adquirido.

* Facilitar a revisão: o fichamento serve como um guia para revisões futuras, permitindo que você retorne às ideias principais sem a necessidade de reler o texto completo.

* Desenvolver o pensamento crítico: ao fichar, você é incentivado a refletir sobre o conteúdo, estabelecendo conexões com outros conhecimentos e desenvolvendo sua capacidade analítica.

Para escrever um fichamento eficaz, é importante seguir estes passos:

- **Leitura atenta**: inicialmente, ler o texto cuidadosamente, identificando as ideias principais e secundárias.
- **Anotações**: fazer anotações breves e precisas das informações relevantes.
- **Organização**: estruturar o fichamento de maneira lógica, respeitando a sequência de ideias do autor.
- **Reflexão**: não se limitar a transcrever informações; é crucial inserir as próprias impressões e análises críticas.

Ao adotar o fichamento em sua rotina acadêmica, você não estará somente coletando informações; também estará se engajando em um diálogo ativo com o texto e com o conhecimento que ele representa. Em outras palavras, trata-se de um convite à reflexão e ao aprofundamento intelectual, elementos indispensáveis na formação de um bom leitor.

Cabe ressaltar que o fichamento não é um fim em si mesmo, mas uma ponte para uma compreensão mais ampla e crítica da literatura e de suas múltiplas facetas. Ao fichar, você não apenas absorve conteúdo como, principalmente, participa ativamente do debate acadêmico, contribuindo para a expansão de sua própria visão de mundo e da comunidade acadêmica como um todo (Severino, 2010).

Síntese

Quadro 4.2 – Síntese dos conteúdos do capítulo

Definição de gênero	Vem do latim e significa "gerar, produzir, criar".
	Gêneros servem para agrupar tipos de textos com características semelhantes.
Estrutura narrativa	Apresentação: introdução de cenário, tempo e personagens.
	Conflito: desenvolvimento da trama com problemas e desafios.
	Clímax: ponto máximo de tensão, emoção e ação.
	Desfecho: solução ou conclusão da história.
Descrição e linguagem	Uso de linguagem denotativa (objetiva) e conotativa (figuras de linguagem).
	Escolha de ponto de vista e organização de ideias para informar ou persuadir.
Argumentação	Ampliação do debate com o objetivo de persuadir ou convencer.
	Intenção determina estratégias argumentativas, incluindo escolhas de temas e recursos linguísticos.
Resumo	Valorização da habilidade de síntese para captar a essência de um texto.
	Tipos de resumo: de estudo, de trabalho, para evento e expandido.

(continua)

(Quadro 4.2 – conclusão)

Resenha	Resenha-resumo: síntese objetiva do conteúdo.
	Resenha-crítica: avaliação dos aspectos positivos e negativos da obra.
	Qualidades essenciais: simplicidade, clareza, concisão, precisão e objetividade.
Fichamento	Síntese para organizar informações e reflexões sobre um texto lido.
	Consolidar o aprendizado, facilitar a revisão e desenvolver o pensamento crítico.

Atividades de autoavaliação

1. De acordo com Marcuschi (2002), qual das seguintes afirmações é verdadeira sobre os gêneros textuais?
    a. Os gêneros textuais são formas imutáveis de comunicação que não se adaptam ao longo do tempo.
    b. *Gêneros textuais* e *tipos textuais* são termos sinônimos e podem ser usados indistintamente.
    c. Os gêneros textuais são flexíveis e dinâmicos, podendo mudar e se adaptar com o surgimento de novas tecnologias.
    d. Os gêneros textuais são limitados às formas de comunicação escrita, excluindo as formas orais.
    e. Os gêneros textuais são estruturas fixas que não permitem a combinação de diferentes tipos textuais.

2. Segundo Fiorin e Platão (2001), qual das seguintes afirmações melhor descreve a prática de resumir um texto?
   a. Resumir é apenas reduzir um texto ao seu esqueleto essencial, eliminando todos os detalhes secundários.
   b. Resumir é uma arte que envolve destilar a essência de um texto, preservando suas ideias centrais e convidando à reflexão.
   c. Resumir é uma tarefa simples que consiste em copiar as partes mais importantes de um texto.
   d. Resumir é uma prática que deve ser evitada, pois sempre distorce o conteúdo original do texto.
   e. Resumir é um processo que não requer prática ou habilidade, podendo ser realizado por qualquer pessoa sem treinamento.

3. Com base no que você aprendeu sobre o resumo expandido, qual das seguintes afirmações é verdadeira?
   a. Um resumo expandido deve ter a mesma extensão que um resumo tradicional.
   b. O resumo expandido serve apenas para relatar os resultados de uma pesquisa ou de um estudo.
   c. A metodologia não é um elemento necessário em um resumo expandido.
   d. Em um resumo expandido, deve-se evitar fazer conexões com debates mais amplos na área de estudo.
   e. O resumo expandido é uma ferramenta que permite detalhar os pontos principais de uma pesquisa, estimulando a reflexão e o diálogo.

4. De acordo com Didio (2013), qual das seguintes afirmações é verdadeira sobre a elaboração de uma resenha?
   a. A resenha deve ser escrita sem uma leitura inicial abrangente da obra.
   b. A resenha-resumo e a resenha-crítica são indistintas e servem ao mesmo propósito.
   c. A resenha é um gênero textual que deve ser complexo e detalhado, sem preocupação com a clareza.
   d. A familiaridade com a obra e o processo de reflexão são etapas essenciais na preparação de uma resenha.
   e. Em uma resenha, deve-se evitar qualquer tipo de análise crítica, focando apenas a descrição do conteúdo.

5. De acordo com Macedo (1994) e Severino (2010), qual das seguintes afirmações melhor descreve a função e a metodologia do fichamento no contexto acadêmico?
   a. O fichamento é uma técnica de síntese que ajuda na organização de informações e reflexões sobre um texto, promovendo o aprendizado e a capacidade analítica.
   b. O fichamento deve ser realizado sem uma leitura atenta do texto e sem anotações, focando apenas a organização das ideias.
   c. O fichamento é um fim em si mesmo, não servindo como ponte para uma compreensão mais ampla e crítica da literatura.
   d. O fichamento é uma técnica que visa apenas à transcrição literal das ideias de um texto, sem análise ou reflexão crítica.
   e. O fichamento é uma prática que se limita a organizar informações, sem contribuir para o desenvolvimento do pensamento crítico.

Atividades de aprendizagem

Questões para reflexão

1. A respeito da importância da resenha crítica no universo acadêmico, como a prática de analisar e criticar obras pode contribuir para o desenvolvimento de seu pensamento crítico? De que maneira essa habilidade pode ser aplicada em outras áreas de sua vida pessoal e profissional?

2. Considerando o fichamento como uma ferramenta de estudo e documentação, como você pode utilizar essa técnica para melhorar sua organização e compreensão de informações em diferentes contextos? Além disso, de que forma o fichamento pode auxiliar na construção de uma base sólida para futuras pesquisas e discussões acadêmicas?

Atividade aplicada: prática

1. Considere que você se tornará um professor acadêmico do curso de Letras. Nesta atividade, convidamos você a fazer uma análise comparativa entre um resumo e uma resenha. A atividade consistirá em realizar os seguintes passos:

   V. Ler o artigo indicado a seguir.

   COPELLI, T. da S. M. Igualdade e preconceito na formação inicial de professores: percepções de estudantes de licenciatura sobre racismo e sexismo. Revista Multidebates, Palmas-TO, v. 8, n. 1, p. 45-49, 2024. Disponível em: <https://bit.ly/4cnmFiZ>. Acesso em: 11 jun. 2024.

   VI. Produzir um resumo, destacando as ideias principais e secundárias, conforme as técnicas aprendidas.

VII. Escrever uma resenha crítica do mesmo artigo, expressando sua opinião e suas análises sobre o conteúdo.
VIII. Por fim, refletir sobre o processo de escrita dos textos que você produziu e a forma como cada técnica pode ser aplicada em diferentes contextos acadêmicos e profissionais.

um   A leitura
dois   A relação com o texto
três   A linguagem
quatro Os gêneros discursivos
cinco As práticas sociais
seis   A era digital

❡ NESTE CAPÍTULO, VAMOS propor uma imersão no universo da linguagem e do dialogismo sob a influência de Bakhtin (1981, 1997) e de outros pensadores que nos ajudam a entender melhor o gênero como prática social. Para tanto, vamos:

- estabelecer a base teórica para a compreensão da linguagem como um fenômeno social e dialógico;
- explorar os conceitos fundamentais de Bakhtin (1981, 1997), comparando-os com as contribuições de Saussure (2006);
- analisar o diálogo como princípio fundamental da comunicação humana e sua influência na formação individual;
- estudar a teoria dos gêneros discursivos, ressaltando a linguagem como prática viva e significativa;
- examinar a noção de enunciado como unidade de sentido, bem como sua singularidade e sua interação com outros enunciados;

* destacar a importância do contexto, dos propósitos e das vozes na produção e na interpretação da linguagem.

Ao longo deste capítulo, você será guiado por uma narrativa que o desafiará a perceber a linguagem para além de uma estrutura estática. Esperamos que esta jornada teórica enriqueça sua compreensão e prática pedagógica, oferecendo novas perspectivas sobre o ensino e a aprendizagem da língua materna.

cinco.ponto.um
Os gêneros discursivos e suas práticas sociais

Mikhail Bakhtin foi um pensador que mudou a forma de entender o sujeito e a linguagem. Ele provocou uma revolução na pesquisa científica, assim como Saussure (2006) fez depois de publicar seu *Curso de linguística geral*. Bakhtin (1981) mostrou que a língua não é algo isolado, mas que se constrói na interação social, na ideologia e na história.

> **IMPORTANTE!**
>
> Composto por figuras notáveis, como Mikhail Bakhtin, Valentin Volochinov e Pavel Medvedev, o Círculo de Bakhtin foi um grupo de intelectuais russos que se reunia regularmente entre 1919 e 1929. Bakhtin, em particular, é amplamente associado ao Círculo, pois a ele é atribuída a maioria dos textos produzidos pelo grupo.

> Convém destacar que a denominação *Círculo de Bakhtin* foi cunhada por pesquisadores contemporâneos. Essa escolha se deve, em parte, à autoria de algumas obras de Volochinov e Medvedev que também são creditadas a Bakhtin por alguns pesquisadores. Entre os livros mais conhecidos do Círculo no Brasil, destacam-se:
>
> * *Marxismo e filosofia da linguagem;*
> * *Estética da criação verbal;*
> * *Questões de literatura e estética;*
> * *Problemas da poética de Dostoievski.*
>
> Essas obras são fundamentais para os estudos linguísticos e literários, e o Círculo de Bakhtin continua a ser uma referência importante nesse campo (Paula, 2013).

Com relação às ciências humanas e filosóficas, Ferdinand de Saussure (2006) causou um grande impacto com suas ideias sobre a língua e os signos, mas ele não foi o único. Bakhtin (1981) também foi um pensador que transformou a forma de ver a linguagem e o sujeito. Ele inseriu ambos no centro de suas reflexões e mostrou como eles se relacionam com a aprendizagem e o ensino de língua materna. Sob essa perspectiva, Bakhtin (1981) nos fez perceber que a língua é uma prática social, ideológica e histórica e que o ensino de língua materna deve levar em conta as teorias da enunciação e dos gêneros discursivos. A esse respeito, vejamos o que Rojo (2008, p. 95) nos ensina:

> Bakhtin e seu Círculo ocuparam-se da construção de uma nova visão de língua e de linguagem, livre do subjetivismo da estilística

de seu tempo e da abstração da linguística estrutural e do formalismo russo. Uma visão concreta do enunciado – tomado como unidade de sentido – que viesse a substituir tanto a sentença (oração) como o estilo em sua concepção tradicional.

A teoria dos gêneros discursivos é muito importante na obra de Bakhtin (1981). Para entendê-la, é preciso conhecer alguns dos principais conceitos desse pensador, como o **dialogismo** e a **teoria da enunciação**. Tais concepções modificaram a forma de compreender as teorias linguísticas, antes baseadas em construtos teóricos que tentavam explicar a linguagem a partir de um ponto de vista externo, como se ela fosse algo fixo e estático. Bakhtin (1981) propôs outra forma de pensar, na qual a teoria se volta para as práticas sociocomunicativas entre sujeitos inseridos no tempo e na história.

Como nós nos relacionamos com a sociedade e com os outros sujeitos por meio da língua, podemos afirmar que nosso modo de pensar também é influenciado pelas interações que estabelecemos com as diferentes vozes que circulam no mundo social. Assim, nosso pensamento não é isolado e estático, mas um processo dinâmico e conflituoso, que envolve a negociação entre nossas ideias e as dos outros, as quais se manifestam quando falamos e/ou escrevemos.

O diálogo está presente em tudo o que fazemos, inclusive na relação que travamos com nós mesmos. Isto é, quando você questiona, avalia, critica ou elogia a si próprio, está dialogando com as vozes que incorporou ao longo de sua vida, que podem ser provenientes de familiares, amigos, professores, autores etc.

De acordo com Freitas (1994, p. 90), "Se o diálogo permeia tudo, permeia a minha relação comigo mesma, então, não existe, na verdade, essa relação e um só. É tudo um resultado das relações, de linguagens, de vozes, ou seja, é tudo um resultado de relações polifônicas, dos recortes que você tem na sua relação com a linguagem". Isso significa que você não é um ser monológico, e sim um ser polifônico, que constrói sua identidade a partir dos recortes que faz da linguagem que utiliza.

5.1.1 Dialogismo

Bakhtin (1981) foi um dos primeiros teóricos a estudar como a linguagem é usada na interação social. Para ele, o diálogo é o princípio básico da comunicação humana. Isso significa que a linguagem, longe de ser apenas um conjunto de regras e signos registrados em nossa mente, consiste em uma prática social que depende do contexto, da situação, da intenção e da ideologia de quem fala e de quem ouve. Com efeito, não somos sujeitos isolados, mas formados nas relações com os outros. Segundo Koch (2011), nós nos (re)conhecemos na medida em que nos comunicamos com o outro, pois é ele que nos mostra quem somos. Assim, nossa identidade é construída em um constante movimento de aproximação e distanciamento do outro.

Com relação ao ensino e à aprendizagem da língua, da leitura e da escrita, Bakhtin (1981) defende que a linguagem é essencialmente dialógica, ou seja, constitui-se na interação entre os sujeitos, que são sociais, históricos e ideológicos. Desse modo, não é possível ensinar ou aprender a língua como um sistema abstrato e descontextualizado, e sim como uma prática viva e significativa, que depende das situações, dos propósitos e das vozes que estão em jogo.

Mas que diferença isso faz para nossa forma de compreender e usar a língua? Bakhtin (1981) também nos ensina que o diálogo está presente em todas as nossas relações, isto é, não só com as pessoas, mas também com o mundo, com as coisas e com o conhecimento em geral. Essa afirmação implica que o conhecimento não é algo pronto e acabado, mas que se constrói na relação com o outro, que nos desafia, nos questiona, nos complementa.

Logo, podemos afirmar categoricamente que o outro é uma referência fundamental para a produção do conhecimento. A esse respeito, Bakhtin (1981) alerta para os perigos do monólogo, que se trata efetivamente da negação do diálogo, da imposição de uma única voz, da exclusão do outro. Dito de outra forma, o monólogo é o oposto do dialógico, que se refere à abertura para o diálogo, ao reconhecimento da diversidade de vozes – a inclusão do outro (Freitas, 1994).

Bakhtin (1981) insere o diálogo no centro das relações humanas, seguindo uma visão dialética da linguagem, que considera suas dimensões social, histórica e ideológica. Com isso, ele se opõe à fragmentação da linguagem, promovida tanto pelo subjetivismo idealista, que reduz a linguagem ao psiquismo individual dos falantes, quanto pelo objetivismo abstrato, que a compreende como um sistema linguístico abstrato de formas da língua.

Para Bakhtin (1981), a língua é viva e está em constante transformação, de acordo com a realidade da interação verbal em situações concretas. Por isso, a língua não pode ser pensada como algo separado da vida, da história, da cultura e da ideologia dos sujeitos que a usam. Ela consiste em uma prática social que envolve escolhas, conflitos, negociações, posicionamentos, valores etc., conforme exposto pelo próprio teórico: "A língua materna – sua composição vocabular e estrutura gramatical – não chega ao nosso conhecimento a partir de dicionários e gramáticas, mas de enunciações concretas que nós mesmos ouvimos e nós mesmos reproduzimos na comunicação discursiva viva com as pessoas que nos rodeiam" (Bakhtin, 1981, p. 282).

A ideia de que a língua é homogênea, ou seja, igual para todos os falantes, foi defendida por Saussure (2006). Considerado o pai da linguística moderna, ele estava vinculado ao objetivismo abstrato, uma forma de compreender a língua como um objeto externo aos falantes e que precisa ser analisado e aprendido como um sistema de formas. Para Saussure (2006), a língua não depende das relações dialógicas que se estabelecem na sociedade entre os sujeitos que a utilizam.

Bakhtin (1981) discorda de Saussure (2006) e do objetivismo abstrato. Para ele, a língua não é um objeto, mas um fenômeno social construído pelas relações sociais. Portanto, para o teórico russo, a língua não é homogênea, e sim heterogênea e, desse modo, diferente para cada falante, cada situação e cada contexto. Para Bakhtin (1981), a língua é essencialmente dialógica, isto é, constitui-se na interação verbal entre os sujeitos, que são históricos e ideológicos.

O filósofo russo também se opõe ao subjetivismo idealista, que é uma forma de entender a língua como produção exclusiva de uma consciência individual, deixando de considerar o outro, o social, o histórico. Para essa corrente teórica, a língua constitui um ato de fala criativo e original, baseado na vida interior do falante. Essa concepção de língua é falsa e limitada, pois ignora que o falante sempre está implicado em uma situação sociopolítica maior que influencia sua forma de falar.

Segundo Bakhtin (1981), o centro organizador da enunciação não é o indivíduo, mas o meio social que o envolve. Com essa construção teórica, o autor nos apresenta um novo jeito de compreender a linguagem: a língua como processo de interação. Tal conceituação se contrapõe às duas formas anteriores: (i) a língua como produção individual, subjetiva e autoritária; e (ii) a língua como objeto externo, abstrato e homogêneo.

A maneira como compreendemos a linguagem está relacionada ao modo como vemos o sujeito que a utiliza. Por exemplo, se pensamos que a língua é uma representação do pensamento, estamos levando em conta que o sujeito que fala é um indivíduo capaz de controlar suas vontades e ações, isto é, que não é influenciado por nenhuma ideologia, agindo como se estivesse em um mundo de fantasia, fora da realidade histórica, sempre à espera de que o outro entenda exatamente o que ele pensa.

Você acredita que essa é uma forma correta de entender a linguagem e o sujeito? Seria uma forma justa e democrática de se comunicar com os outros? Para Bakhtin (1981), certamente não! De acordo com ele, trata-se de uma maneira alienada e não ideológica de encarar a linguagem, na medida em que nega a verdadeira situação discursiva, a qual sempre ocorre no âmbito de uma situação social de interação, isto é, entre um sujeito que está situado histórica e ideologicamente e outro sujeito que está situado da mesma forma e que tem uma voz própria e diferente. Assim, Bakhtin (1981) argumenta que a língua não é uma representação do pensamento, e sim uma construção social do sentido dependente do diálogo entre os sujeitos, que são dialéticos e ideológicos. De acordo com o filósofo, a língua representa a verdadeira situação discursiva.

> Nenhuma comunicação é neutra ou ingênua, no sentido de que nela estão em jogo valores ideológicos, dos sujeitos da comunicação. Em outras palavras, as relações entre sujeitos são marcadamente ideológicas e os discursos que circulam entre eles e que estabelecem os laços de manipulação e de interação são, por definição, também ideológicos, marcados por coerções sociais. (Barros, 2011a, p. 50)

A ideia de compreender a linguagem apenas como uma forma de expressar o que pensamos está associada ao subjetivismo idealista, corrente teórica que valoriza o sujeito individual como o centro de tudo, como já mencionamos.

O subjetivismo idealista apregoa que não há interação real entre as pessoas que se comunicam, porque o sujeito que fala é o único que determina os sentidos de sua fala, e o indivíduo que ouve é apenas um receptor passivo dos pensamentos do falante. Nessa ótica, a língua é um evento fora da história, que serve unicamente como instrumento para transmitir os pensamentos do falante ao ouvinte.

> **Importante!**
>
> Geraldi (2002) resume, de maneira concisa e didática, as três concepções de linguagem:
> I. **A linguagem como expressão do pensamento:** essa concepção está alinhada aos estudos tradicionais. Quando consideramos a linguagem dessa forma, podemos chegar à conclusão – embora equivocada – de que pessoas incapazes de se expressar não pensam.
> II. **A linguagem como instrumento de comunicação:** tal perspectiva está relacionada à teoria da comunicação. Aqui, a língua é entendida como um código, um conjunto de signos que se combinam segundo regras e que é capaz de transmitir mensagens ao receptor. Embora seja expressa nos livros didáticos, muitas vezes é abandonada nos exercícios gramaticais.
> III. **A linguagem como forma de interação:** além de possibilitar a transmissão de informações do emissor ao receptor, a linguagem é compreendida como um espaço de interação humana. Por meio dela, o falante realiza ações que só seriam possíveis por meio da fala, agindo sobre o ouvinte e estabelecendo compromissos e vínculos que não existiam previamente.

Considerar a linguagem como apenas um código para transmitir uma mensagem entre emissor e receptor consiste em um modo de concebê-la com base em um modelo de comunicação que toma a língua como sistema de signos que tem um referente, um canal e um código. Tal é a posição adotada pelo objetivismo abstrato.

Nessa corrente de pensamento, a língua em nada tem a ver com a vida, a ideologia, a situação concreta dos sujeitos que a utilizam; assim, ela é tão somente um instrumento neutro e universal empregado para comunicar uma informação de um ponto a outro. Essa forma de entender a linguagem também é equivocada, segundo Bakhtin (1981), na medida em que ignora a verdadeira situação discursiva. Isso porque a língua não é um código que transmite uma mensagem, mas uma palavra que tem um sentido vivencial e ideológico e que está concretamente situada na fala de alguém, de modo a provocar algo em outro sujeito (ou reagir a algo) – ambos relacionados simultaneamente.

> Os sujeitos da comunicação não podem ser considerados como casas vazias e sim como casas cheias de projetos, aspirações, emoções, conhecimentos, crenças, que vão determinar os modos de persuadir e as formas de interpretar. As estratégias de persuasão e as interpretações variam, assim, historicamente, de cultura para cultura, de sociedade para sociedade (de classe social para classe social). Fecha-se o círculo: os conhecimentos, crenças, sentimentos e valores dos sujeitos são resultantes de outras tantas relações de comunicação-manipulação-interação anteriores e vão se modificando e construindo, portanto, outros sujeitos a cada nova relação de comunicação. (Barros, 2011a, p. 49)

O entendimento da linguagem como apenas um meio de comunicação guiado pelo sistema da língua representa uma concepção adotada pela teoria do objetivismo abstrato, corrente teórica que leva em conta a língua como objeto externo ao falante e que precisa ser analisado e aprendido como um sistema de formas.

Segundo o objetivismo abstrato, o sujeito está em uma relação reativa que não depende de suas escolhas, intenções ou ideologias. Nesse modelo, o texto é visto como um simples produto (da codificação de um emissor) que precisa ser decodificado pelo leitor/ouvinte, a quem só cabe conhecer o código para compreender o texto.

Nessa perspectiva teórica, o papel do leitor/ouvinte é essencialmente passivo, pois ele não participa da construção do sentido do texto. Bakhtin também discorda (1981) dessas concepções de linguagem e de sujeito e as considera artificiais e simplistas, pois ignoram que a situação discursiva acontece em um contexto social de interação.

5.1.2 Enunciação

Você já pensou em como aprendemos a falar? Segundo Bakhtin (1997), não basta apenas memorizar palavras ou orações isoladas; é necessário aprender a construir enunciados, os quais representam as unidades reais da comunicação. Isso significa que a língua é essencialmente interativa, ou seja, ela se realiza na relação entre os falantes, e não como um sistema fechado e abstrato, como propunha a linguística moderna de Saussure (2006).

Quando usamos a língua, não a repetimos simplesmente, mas a adaptamos ao nosso contexto e ao nosso propósito. Bakhtin (1997) chama isso de **apropriação da língua**, que diz respeito ao processo pelo qual o locutor se faz presente em seu discurso recorrendo a marcas específicas, como pronomes, tempos verbais e modalidades, bem como a recursos adicionais, como gestos, entonações e pausas (Geraldi, 1996).

Desse modo, cada enunciado que produzimos é único e irrepetível, pois reflete nossa posição social, nossa avaliação e nossa intenção em relação ao que falamos e a quem falamos. Além disso, cada enunciado é parte de um diálogo, uma vez que responde a outros enunciados que já foram ditos e provoca novos enunciados que virão depois, conforme exposto por Rodrigues (2011, p. 94):

> O enunciado é o produto da interação de dois (ou mais) sujeitos socialmente organizados. A palavra, o discurso, dirige-se a um interlocutor, seja ele imediato ou não, situado socialmente. Não há, pois, enunciado dirigido ao abstrato; o outro, mesmo que seja presumido ou um desdobramento do próprio eu, é a contrapartida, a medida da nossa fala.

Você já se perguntou como os nossos enunciados se relacionam com os outros que já foram produzidos? Bakhtin (1997) argumenta que o enunciado não é algo isolado, mas o resultado de um diálogo, que pode ser explícito ou implícito. Logo, quando falamos ou escrevemos, não apenas expressamos nosso pensamento, mas também reagimos aos pensamentos dos outros, para concordar, discordar, complementar, questionar, avaliar etc. Isso significa que cada enunciado carrega as marcas dos enunciados anteriores, formando um elo em uma cadeia discursiva.

Mas, se nossos enunciados são sempre novos e originais, como podemos nos comunicar de forma eficaz? De acordo com Bakhtin

(1997), existem certos padrões ou normas que orientam nossa produção e compreensão dos enunciados, dependendo do contexto e do objetivo da comunicação. O teórico chama tais padrões de **gêneros do discurso** e afirma: "se os gêneros do discurso não existissem e nós não os dominássemos, se tivéssemos que criá-los pela primeira vez no processo do discurso, de construir livremente e pela primeira vez a cada enunciação, a comunicação discursiva seria quase impossível" (Bakhtin, 1997, p. 283).

cincopontodois
Charge

A charge (Figura 5.1) é um gênero jornalístico que transcende a mera transmissão de informações, ao empregar imagens para expressar, de maneira crítica e irônica, as nuances do cotidiano e o posicionamento editorial de um veículo de comunicação. Originário do termo francês *charger*, que evoca ideias de carga, exagero e ataque, esse gênero consiste em uma representação gráfica que destila os acontecimentos atuais em um único quadro, exigindo do chargista não apenas familiaridade com os assuntos jornalísticos, mas também a habilidade de sintetizar e transmitir complexas mensagens sociais e políticas (Romualdo, 2000).

Figura 5.1 – Características da charge

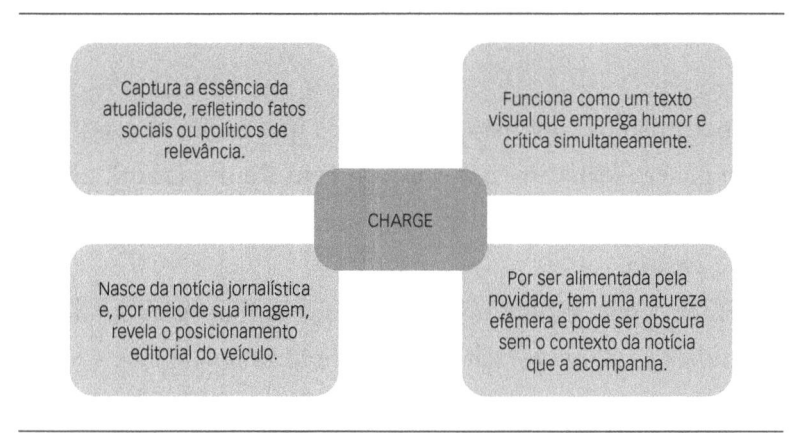

- Captura a essência da atualidade, refletindo fatos sociais ou políticos de relevância.
- Funciona como um texto visual que emprega humor e crítica simultaneamente.
- **CHARGE**
- Nasce da notícia jornalística e, por meio de sua imagem, revela o posicionamento editorial do veículo.
- Por ser alimentada pela novidade, tem uma natureza efêmera e pode ser obscura sem o contexto da notícia que a acompanha.

A intimidade da charge com os eventos atuais faz dela um instrumento vital no debate político jornalístico. No Brasil, por exemplo, *O Pasquim* se destacou por suas críticas mordazes ao regime militar, o que levou à prisão de parte de sua redação nos anos de 1970 (Pazinato, 2021). Internacionalmente, o *Charlie Hebdo* se posiciona como um bastião da liberdade de expressão, apesar das controvérsias e dos trágicos eventos de 2015 (Gasparovic; Rasia, 2020).

Diferentemente da charge, o cartum é um gênero jornalístico que se dedica à opinião e à análise, frequentemente adotando uma postura satírica e humorística para expor hábitos e comportamentos humanos, independentemente do tempo (Rocha, 2011).

cincopontotrês
Notícia e reportagem

Os mecanismos linguísticos e sociais que moldam a notícia como gênero jornalístico, de acordo com Bonini (2003), ainda são pouco explorados academicamente, apesar de sua relevância para o ensino.

Embora seja comum nos depararmos com notícias em diversas mídias – impressas, televisivas, radiofônicas e digitais –, muitas vezes não refletimos sobre as características intrínsecas que as definem. Quais são os elementos que conferem à notícia sua identidade? Como podemos contribuir para o aprofundamento do conhecimento acerca desse gênero?

Segundo Andrade e Medeiros (2001, p. 104), "para a publicação de uma notícia, leva-se em conta: proximidade do fato, impacto, proeminência, aventura, conflito, consequências, humor, raridade, sexo, idade, interesse pessoal. Interesse humano, importância, utilidade, oportunidade, suspense, originalidade, repercussão".

Quando lemos uma notícia, percebemos que não se trata apenas de um mero relato. Sua construção começa com uma manchete, a qual captura nossa atenção com letras garrafais, seguida pelo título auxiliar, que nos oferece um vislumbre adicional sobre o conteúdo.

Por sua vez, o lide (ou *lead*) atua como um convite que nos leva às profundezas do evento, apresentando as informações cruciais que definem o acontecimento. E, então, mergulhamos no corpo da notícia, em que cada parágrafo nos oferece camadas adicionais de detalhes, permitindo-nos não apenas conhecer, mas também entender e formar nossos próprios juízos sobre o fato noticiado (Andrade; Medeiros, 2001).

Vamos examinar melhor os aspectos relativos a esse gênero textual analisando a notícia a seguir.

> Incentivo à alimentação saudável e guia para políticas e compras de governo; entenda a nova cesta básica
>
> Cesta é composta por alimentos in natura ou minimamente processados. Regra não altera a lista de alimentos com isenção de impostos, já que o tema ainda será discutido na reforma tributária.
>
> O governo federal publicou na última quarta-feira (6) um decreto que estabelece a nova cesta básica, composta por alimentos in natura ou minimamente processados e ingredientes culinários, como feijões, frutas, raízes, cereais, castanhas, óleos, carnes e ovos.
>
> A nova legislação não modifica a lista de alimentos levada em conta para o cálculo do salário-mínimo e não altera a relação de produtos com isenção de tributos. Para esses dois casos (salário-mínimo e isenção de tributos), o governo usa outra formulação de cesta.
>
> Além disso, a regulamentação da reforma tributária, em discussão no Congresso Nacional, vai definir uma cesta de produtos isentos de tributos ou com alíquota menor. [...]

FONTE: Mazui; Martello, 2024.

Podemos notar que o lide "Incentivo à alimentação saudável e guia para políticas e compras de governo; entenda a nova cesta básica" (Mazui; Martello, 2024) não é apenas um conjunto de informações; ele é o coração da notícia, revelando o quê (a nova cesta básica), quando (na última quarta-feira [6]), onde (decreto) e por quem (o governo federal).

O título auxiliar, nesse contexto, não é um mero adendo, e sim um resumo que nos guia para o desfecho da narrativa. As linhas subsequentes, embora detalhem o ocorrido, são secundárias à compreensão integral do evento. Ou seja, se você lesse somente o lide, já teria em mãos a essência do fato.

Agora, reflitamos juntos: cada jornal tem seu público-alvo e molda sua estrutura para atendê-lo. A notícia em questão, de cunho informativo, ressoa a todos os brasileiros para esclarecer quais são os produtos que vão compor a cesta básica. Ela é diferente de uma notícia de cunho policial, por exemplo, que particularmente se dirige àqueles que buscam estar cientes dos eventos locais e globais, sendo diferente também de uma reportagem.

Segundo Faria e Zanchetta Jr. (2002), ao construirmos o esqueleto de uma reportagem, é essencial questionarmos o que ocorreu, quem são os protagonistas, quando se deu o evento, como ele se desenvolveu e, fundamentalmente, qual é sua relevância. Tais indagações são a base para uma reportagem que não só informa, mas também promove a reflexão e o diálogo entre autor e leitor, estreitando laços em torno do conteúdo explorado.

Leia a reportagem a seguir.

Bullying: é preciso levar a sério ao primeiro sinal

Esse tipo de violência tem sido cada vez mais noticiado e precisa de educadores atentos para evitarem consequências desastrosas

Entre os tantos desafios já existentes na rotina escolar, está posto mais um. O bullying escolar – termo sem tradução exata para o português – tem sido cada vez mais reportado. É um tipo de agressão que pode ser física ou psicológica, ocorre repetidamente e intencionalmente e ridiculariza, humilha e intimida suas vítimas. "Ninguém sabe como agir", sentencia a promotora Soraya Escorel, que compõe a comissão organizadora do I Seminário Paraibano sobre Bullying Escolar [...]. "As escolas geralmente se omitem. Os pais não sabem lidar corretamente. As vítimas e as testemunhas se calam. O grande desafio é convocar todos para trabalhar no incentivo a uma cultura de paz e respeito às diferenças individuais", complementa.

A partir dos casos graves, o assunto começou a ganhar espaço em estudos desenvolvidos por pedagogos e psicólogos que lidam com Educação. Para Lélio Braga Calhau, promotor de Justiça de Minas Gerais, a imprensa também ajudou a dar visibilidade à importância de se combater o bullying e, por consequência, a criminalidade. [...]

> Durante o encontro também foi lançada uma publicação a ser distribuída para as escolas paraibanas, com o objetivo de evidenciar a importância de um trabalho educativo em todos os cenários em que o bullying possa estar presente – na escola, no ambiente de trabalho ou mesmo entre vizinhos. [...]

FONTE: Barros, 2008.

Como podemos perceber, a reportagem aborda temas de relevância social, não se limitando a eventos imediatos, diferentemente da notícia. A reportagem em questão, por exemplo, discute o *bullying*, fenômeno que assola a sociedade há tempos e que continua a ser um assunto urgente e presente.

Você já se deparou com a interrupção súbita da programação televisiva para a transmissão de uma notícia urgente? Esse é um exemplo da velocidade com que as notícias são disseminadas, destacando-se por sua imediatez e relevância social. Em contrapartida, a reportagem demanda um olhar mais aprofundado e um tempo maior de elaboração. Ela vai além da mera apresentação dos fatos, na medida em que oferece um panorama detalhado e verificado por meio de múltiplas fontes, especialmente em temas controversos, nos quais diversas perspectivas são exploradas e valorizadas (Lage, 2006).

Segundo Lage (2006), a reportagem distingue-se da notícia por vários aspectos:

- **Linguagem:** a reportagem adota um estilo mais flexível, permitindo ao autor não apenas relatar os acontecimentos, mas também interpretá-los, utilizando até mesmo a primeira pessoa.
- **Produção:** a reportagem é guiada pela "oportunidade jornalística", isto é, pelo evento que desperta interesse público.
- **Contexto:** a reportagem é moldada por pautas que levam em conta o evento catalisador, a natureza do assunto e o contexto em que se insere, conferindo-lhe autonomia como gênero jornalístico.

A estrutura da reportagem, que inclui título, subtítulo, lide e corpo do texto, assemelha-se à da notícia. No entanto, no corpo da reportagem, o autor costuma incorporar depoimentos e entrevistas, enriquecendo a narrativa com vozes autorizadas sobre o tema.

Para alcançar a clareza e a objetividade necessárias em uma reportagem de qualidade, é essencial que a linguagem seja direta e acessível, garantindo a compreensão universal.

No contexto das revistas, Faria e Zanchetta Jr. (2002) observam que o material publicado tende a ser uma reportagem que se afasta do imediatismo factual, focando mais a interpretação dos eventos e a análise de suas implicações. Aqui, é fundamental considerar o público-alvo da revista para entender as escolhas editoriais dos temas abordados.

cincopontoquatro
Artigo de opinião

Ao contrário das reportagens e das notícias, em que se buscam a objetividade e a imparcialidade, o artigo de opinião é um espaço em que o autor tem a liberdade de expressar seu ponto de vista pessoal, normalmente empregando a primeira pessoa do singular. Essa expressão de individualidade carrega consigo uma grande responsabilidade: é imperativo que as informações defendidas sejam verídicas e que o texto não propague preconceitos ou distorções.

A solidez de um artigo de opinião reside no domínio do conteúdo pelo autor. Como Faraco e Tezza (2001) enfatizam, uma opinião deve ser sustentada por argumentos convincentes e evidências concretas. Ainda, é recomendável que se apresentem as diversas facetas de um argumento, defendendo-se, posteriormente, uma posição específica.

Além disso, é essencial reconhecer que o artigo de opinião não existe no vácuo, isto é, ele dialoga com um espectro de opiniões já formadas sobre o assunto em questão. Portanto, ao assumir uma perspectiva, o autor inevitavelmente entra em um campo de visões divergentes, o que enriquece o debate e estimula a reflexão crítica.

Existem diferentes estratégias argumentativas que podem ser empregadas para fortalecer a tese defendida em um artigo de opinião. Vamos explorar algumas delas a seguir e examinar de que maneira elas podem ser efetivamente utilizadas para persuadir e engajar o leitor na conversa sobre temas atuais e relevantes. Primeiramente, observe o Quadro 5.1, a seguir.

Quadro 5.1 – **Tipos de argumento**

Tipos de argumento	
Argumento de autoridade	Utiliza a credibilidade de uma fonte confiável ou especialista para sustentar uma afirmação. Por exemplo, citar um renomado cientista para respaldar uma tese sobre mudanças climáticas.
Argumento por evidência	Baseia-se em fatos, dados, estatísticas ou pesquisas científicas para comprovar uma ideia. Por exemplo, apresentar estudos que demonstram os benefícios da atividade física para a saúde.
Argumento por exemplificação	Usa exemplos específicos ou casos concretos para ilustrar um ponto de vista. É eficaz para tornar a argumentação mais concreta e acessível. Por exemplo, citar histórias de pessoas que superaram obstáculos para defender a importância da resiliência.
Argumento de princípio	Recorre a princípios éticos, morais ou filosóficos. É empregado para defender uma posição com base em valores universais. Por exemplo, argumentar que a liberdade de expressão é essencial para a democracia.
Argumento por causa e consequência	Estabelece uma relação de causa e efeito entre eventos, argumentando que uma ação ou decisão levará a determinadas consequências. Por exemplo, afirmar que a redução do uso de plástico resultará em menos poluição ambiental.

FONTE: Elaborado com base em Faraco; Tezza, 2001.

A articulação desses tipos de argumento exige do autor não apenas formalidade na linguagem como também capacidade de persuasão, já que é por meio da força do argumento que se busca influenciar sua compreensão e seu julgamento. A esse respeito, Faraco e Tezza (2001) explicam que o estilo de escrita pode variar – irônico, satírico, emotivo ou humorístico – dependendo do contexto, do público e do momento histórico.

O artigo de opinião deve ser meticulosamente estruturado e fundamentado em fontes confiáveis. Marcas textuais como imperativos, exclamações e conjunções são empregadas para conferir ritmo e coerência ao discurso. Ademais, a intertextualidade desempenha um papel essencial, conforme destacado por Dionísio (2007), ao influenciar um texto por meio de outro. Essa relação pode ser explícita, com referências diretas e intencionais, ou implícita, exigindo do leitor uma análise mais aprofundada para captar as sutilezas do diálogo entre os textos.

cincopontocinco
Anúncio publicitário e propaganda

Você já se deu conta de como a máxima "propaganda é a alma do negócio" se manifesta ao nosso redor? Os textos publicitários, sejam eles escritos como anúncios e panfletos, sejam eles veiculados oralmente em propagandas de rádio, são tecidos na trama de nossa rotina diária, muitas vezes sem percebermos sua constante influência.

Sob essa perspectiva, procure avaliar quantos desses textos publicitários se encontram em seu caminho todos os dias. Que impacto eles têm sobre você e a sociedade? De acordo com Sant'Anna, Rocha Júnior e Garcia (2015, p. 75),

> A palavra publicidade significa, genericamente, divulgar, tornar público, e propaganda compreende a ideia de implantar, de incluir uma ideia, uma crença na mente alheia. Comercialmente falando, anunciar visa promover vendas e para vender é necessário, na maior parte dos casos, implantar na mente da massa uma ideia sobre o produto. Todavia, em virtude da origem eclesiástica da palavra, muitos preferem usar publicidade, ao invés de propaganda; contudo, hoje, ambas as palavras são usadas indistintamente.

A partir do exposto pelos autores, convidamos você a pensar o papel do texto publicitário na sociedade atual. A essência desse texto não reside apenas em persuadir o público a adquirir um produto ou serviço, mas também em sensibilizá-lo para causas de relevância social, tanto no âmbito privado quanto no público.

Ao nos depararmos com um cartaz, por exemplo, somos confrontados com uma linguagem que, frequentemente no imperativo, busca apelar à nossa ação imediata. Porém, a função do texto publicitário transcende a mera apelação. Ele é um veículo para gerar humor e causar impacto, dependendo de seu propósito; quando voltado para a conscientização, assume um tom que não visa vender, e sim provocar uma mudança de atitude.

Você já parou para pensar no poder que um anúncio ou cartaz tem? Eles não são apenas veículos de comunicação; são ferramentas que moldam nossa percepção e nossos desejos.

Quando nos deparamos com um anúncio publicitário, seja visual, seja oral (como aqueles que ouvimos no rádio), somos imersos em uma experiência que vai além da informação. Basta pensar, por exemplo, em um *jingle* que você ouviu e que se manteve ativo em sua memória por horas, ou em como as cores vibrantes de um cartaz podem alterar seu humor.

Tais elementos são cuidadosamente escolhidos para nos convencer, para nos atrair. Eles apelam para nossas emoções e nossos sentidos, buscando criar uma conexão que transcende o aspecto meramente racional. Em outras palavras, a linguagem tem o poder de influenciar e, até mesmo, controlar nossas ações.

Vamos nos aprofundar no assunto analisando o cartaz a seguir (Figura 5.2). Observe não apenas qual é a mensagem, mas também de que modo ele a comunica. Que técnicas são utilizadas para capturar a atenção do leitor? De que forma elas afetam a interpretação da ideia anunciada?

Figura 5.2 – C‍artaz sobre a dengue

FONTE: Santa Catarina, 2024.

 Podemos perceber que o cartaz utiliza o humor para transmitir uma mensagem séria, afinal, as informações apresentadas são reais: "Ele já matou muita gente e pode estar solto pelas ruas" (Santa Catarina, 2024). No entanto, a linguagem figurada entra em cena quando o mosquito é retratado como um fugitivo procurado pela polícia. Isto é, a imagem, por si só, busca atingir seu objetivo de conscientização.

Conforme Maingueneau (2005), a estrutura de um anúncio é meticulosamente arquitetada com um título, uma imagem, o corpo do texto e a identificação da marca ou do produto:

- Título: deve ser incisivo e capturar imediatamente a atenção do leitor.
- Imagem: escolhida com precisão, deve trabalhar em harmonia com o texto, complementando-o ou sendo complementada por ele.
- Corpo do texto: é a voz do publicitário, que visa convencer o leitor com brevidade e clareza. A linguagem deve ser adaptada ao público-alvo, garantindo que a mensagem seja recebida e compreendida.
- Identificação da marca ou do produto: trata-se de um elemento essencial, pois informa o leitor acerca do objeto da mensagem.

Nós, estudiosos da linguagem, devemos refletir sobre a função dos cartazes em nosso cotidiano. Você já se deu conta de que, muitas vezes, esses artefatos visuais transcendem a simples transmissão de informações? Ao considerarmos um cartaz cujo propósito primordial é informar, observamos uma sutil transição na função da linguagem: ela deixa de ser meramente apelativa e assume um caráter estritamente informativo. Para entender isso melhor, observe o cartaz a seguir (Figura 5.3).

Figura 5.3 – CARTAZ SOBRE A VACINAÇÃO

VACINAÇÃO
CONTRA A GRIPE

Quem deve receber a vacina:

- Pessoas com 60 anos ou mais
- Gestantes
- Mulheres até 45 dias após o parto
- Indigenas
- Crianças de 6 meses a 4 anos de idade
- Trabalhadores da saúde
- Professores de escolas públicas e privadas
- Portadores de doenças crônicas
- Populações Privadas de liberdade e funcionários prisionais

17 de abril a 26 de maio
Em todos os centros de saúde

Lembre-se de levar o cartão de vacinação.

SUS PREFEITURA BELO HORIZONTE

Prefeitura Belo Horizonte

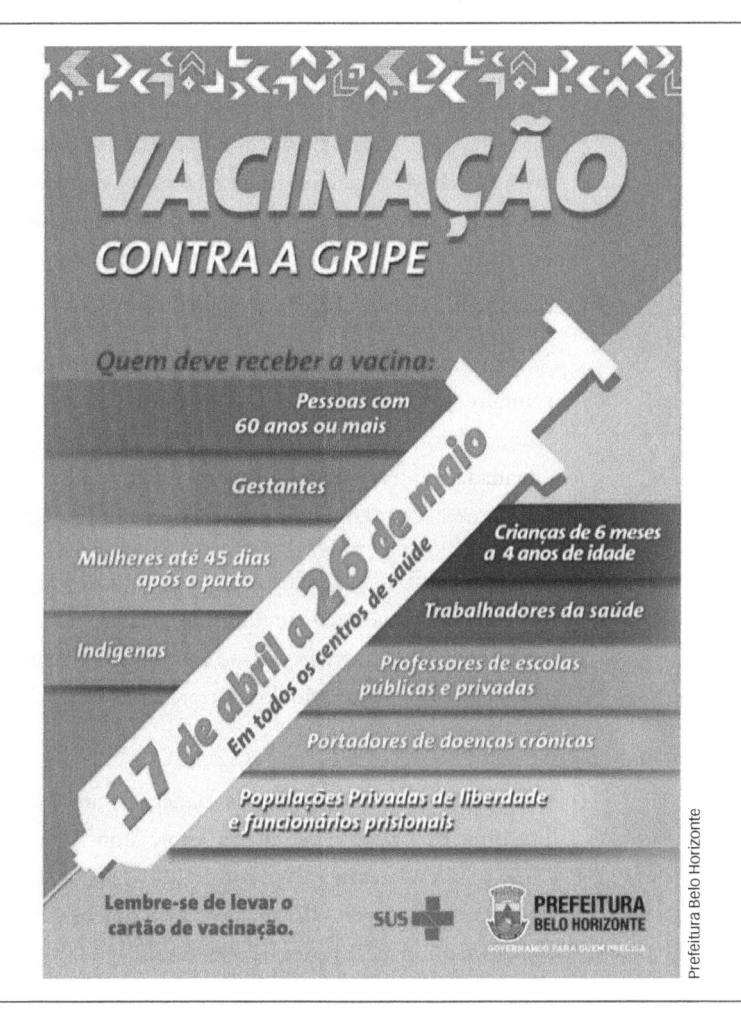

FONTE: Prefeitura de Belo Horizonte, 2017.

O cartaz não apenas comunica quem deve ser vacinado, mas também estabelece um diálogo com os leitores, indicando os grupos prioritários e o período adequado para a vacinação.

Síntese

Quadro 5.2 – **Síntese dos conteúdos do capítulo**

Teoria dos gêneros discursivos	Bakhtin (1981) introduziu a teoria dos gêneros discursivos, ressaltando o dialogismo e a teoria da enunciação. Esses conceitos mudaram a abordagem linguística, enfatizando a importância das práticas sociocomunicativas e da relação entre sujeitos históricos.
Dialogismo	Bakhtin (1981) defendeu que o diálogo é essencial para a comunicação humana, destacando que a linguagem é uma prática social contextualizada. A identidade é formada na interação com o outro, refletindo a dialética entre proximidade e distanciamento.
Enunciação	Bakhtin (1997) enfatizou a importância de aprender a construir enunciados na comunicação, ressaltando a interatividade da linguagem. Cada enunciado reflete a posição social e a intenção do locutor, sendo parte de um diálogo contínuo.
Notícia	A estrutura da notícia, incluindo manchete, título e lide, influencia a compreensão do leitor. A notícia não é apenas um relato, mas uma construção que busca informar e promover reflexão, de acordo com critérios como proximidade, impacto e relevância.
Artigo de opinião	O artigo de opinião permite a expressão de pontos de vista de pessoas, sustentados por argumentos convincentes. Ao assumir uma perspectiva, o autor entra em diálogo com diferentes opiniões, enriquecendo o debate e estimulando a reflexão crítica.

(continua)

(Quadro 5.2 – conclusão)

Texto publicitário	O texto publicitário busca convencer e sensibilizar o público, utilizando uma linguagem persuasiva e apelativa. Além de promover produtos, pode promover causas sociais, dependendo de seu propósito e do tom empregado.

Atividades de autoavaliação

1. De acordo com Bakhtin (1981), a linguagem é uma prática social que se constitui na interação dialógica entre os sujeitos. Considerando-se essa perspectiva, qual das seguintes afirmações melhor reflete as implicações dessa teoria para o ensino e a aprendizagem de língua, leitura e escrita?
   a. A língua deve ser ensinada como um sistema fechado de regras gramaticais e vocabulário.
   b. O ensino de língua deve focar exclusivamente a memorização de textos literários.
   c. A aprendizagem de língua deve ocorrer de forma isolada, sem considerar o contexto social do estudante.
   d. A língua é homogênea e, portanto, deve ser ensinada da mesma maneira para todos os estudantes.
   e. O processo de ensino e aprendizagem deve reconhecer a língua como uma prática viva, influenciada pelo contexto e pela interação social.

2. Considerando as características e as funções dos gêneros jornalísticos charge e cartum, assinale a alternativa correta:
   a. Tanto a charge quanto o cartum são representações gráficas que se concentram exclusivamente em eventos históricos.
   b. A charge é um gênero que utiliza a sátira para criticar hábitos e comportamentos humanos, enquanto o cartum comenta eventos políticos atuais.
   c. O cartum é um gênero que se destaca pela crítica ao regime militar brasileiro, enquanto a charge é conhecida por sua postura neutra em relação à liberdade de expressão.
   d. A charge é uma representação gráfica que critica e ironiza eventos atuais, enquanto o cartum é um gênero voltado à opinião e à análise de comportamentos humanos.
   e. Cartum e charge são gêneros que não têm relevância no debate político jornalístico contemporâneo.

3. Com base nas diferenças entre notícia e reportagem destacadas por Lage (2006), qual das seguintes afirmações é verdadeira?
   a. Notícia e reportagem são indistintas em termos de linguagem, produção e contexto.
   b. A reportagem é caracterizada por uma linguagem rígida e impessoal, enquanto a notícia permite maior flexibilidade e interpretação pessoal.
   c. A reportagem distingue-se da notícia por adotar uma linguagem mais flexível e ser guiada pela oportunidade jornalística.
   d. A notícia é definida pela sua estrutura fixa e pela inclusão de depoimentos e entrevistas, diferentemente da reportagem.

e. Tanto a notícia quanto a reportagem são guiadas exclusivamente pelo interesse humano e pela importância do evento, sem considerar o público-alvo.

4. Tendo em vista as características e a função do artigo de opinião, qual das seguintes afirmações é verdadeira?

   a. O artigo de opinião deve evitar o uso da primeira pessoa do singular, para manter a objetividade.
   b. O artigo de opinião é um espaço para expressar pontos de vista pessoais, apoiados por argumentos e evidências concretas.
   c. É aceitável que um artigo de opinião propague preconceitos, desde que sustente uma perspectiva única.
   d. Um artigo de opinião não necessita de argumentos ou evidências, pois representa a visão pessoal do autor.
   e. A intertextualidade em um artigo de opinião é irrelevante e não deve ser utilizada para influenciar o texto.

5. Com relação ao papel dos textos publicitários na sociedade e à estrutura de um anúncio, qual das seguintes afirmações é verdadeira?

   a. Cartazes com o propósito de informar devem manter uma linguagem apelativa para garantir a atenção do público.
   b. Publicidade e propaganda são conceitos opostos e não devem ser usados indistintamente.
   c. Os textos publicitários devem se limitar a persuadir o público a adquirir produtos ou serviços, sem a preocupação com causas sociais.
   d. Um anúncio eficaz deve evitar apelar para as emoções e os sentidos do público, concentrando-se apenas em informações racionais.

e. A estrutura de um anúncio inclui um título incisivo, uma imagem harmoniosa com o texto e a identificação clara da marca ou do produto.

Atividades de aprendizagem

Questões para reflexão

1. Considerando a teoria de Bakhtin (1997) sobre o diálogo e a construção da identidade, como você percebe a influência das interações diárias em sua própria identidade? Em que momentos você sente que sua linguagem reflete mais claramente quem você é e como você se relaciona com o mundo ao seu redor?

2. Ao observar o impacto dos textos publicitários em sua vida, de que modo você avalia a responsabilidade das empresas e dos criadores de conteúdo na formação da consciência social? Para você, em que medida a publicidade pode contribuir positivamente para o debate centrado em questões sociais, além de promover produtos e serviços?

Atividade aplicada: prática

1. Com base no que estudamos sobre os textos publicitários, desenvolva a seguinte atividade:
    I. Escolha dois textos publicitários diferentes: um anúncio impresso (como um panfleto ou cartaz) e um anúncio oral (como uma propaganda de rádio ou do YouTube).

II. Para cada anúncio, identifique os seguintes elementos:
- o título e como ele busca capturar a atenção do público;
- a imagem (no caso do anúncio impresso) ou a música/*jingle* (no caso do anúncio oral) e como eles complementam o texto;
- o corpo do texto e como ele transmite a mensagem principal.

III. Responda às seguintes questões:
- Quais são as estratégias persuasivas utilizadas em cada anúncio?
- De que modo tais anúncios apelam para as emoções e os sentidos do público?
- Existe alguma responsabilidade social evidente nos anúncios? Eles promovem alguma causa além de vender um produto ou serviço?

IV. Reflita sobre o impacto desses anúncios em seu próprio comportamento e em suas atitudes.

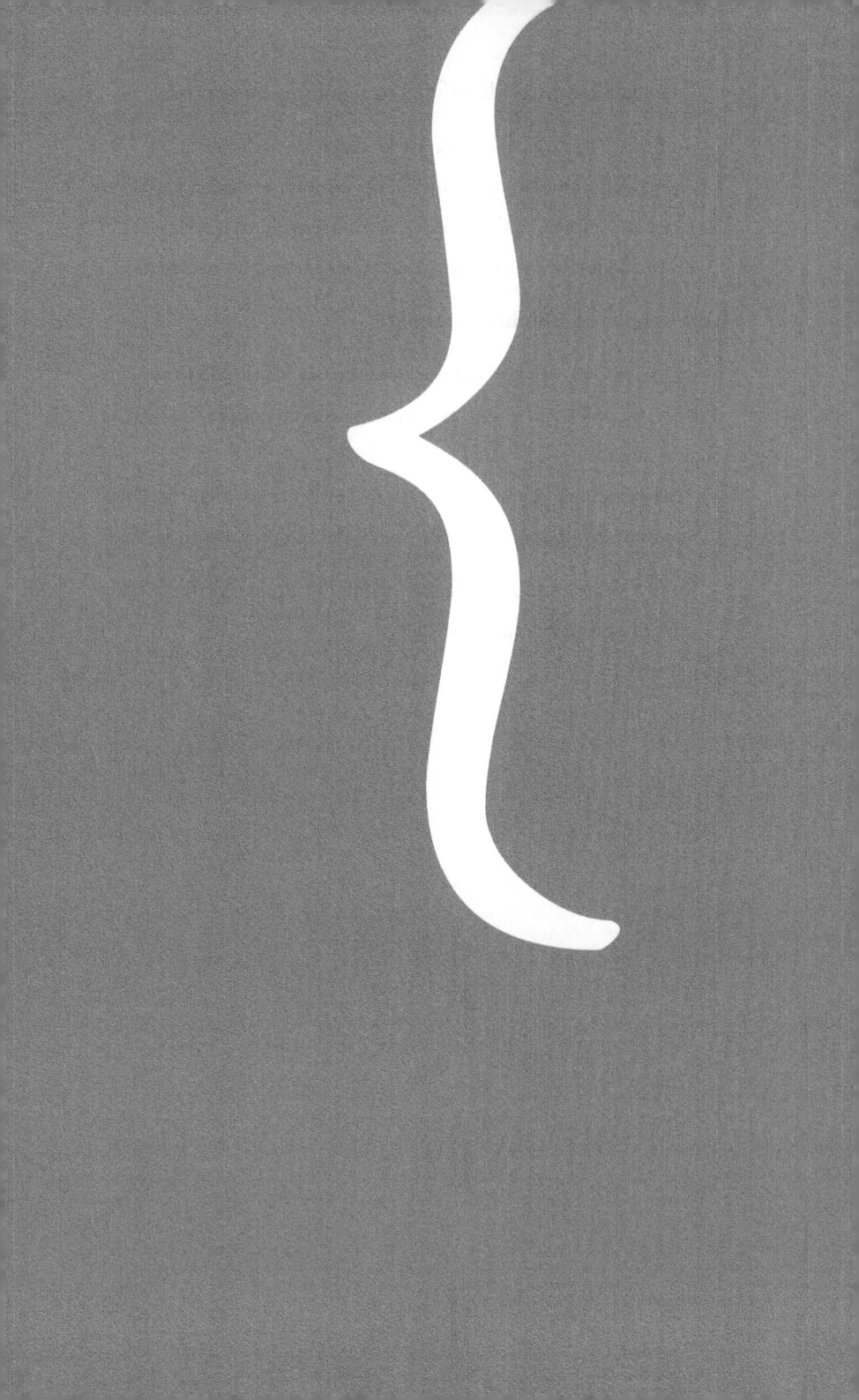

um	A leitura
dois	A relação com o texto
três	A linguagem
quatro	Os gêneros discursivos
cinco	As práticas sociais
seis	**A era digital**

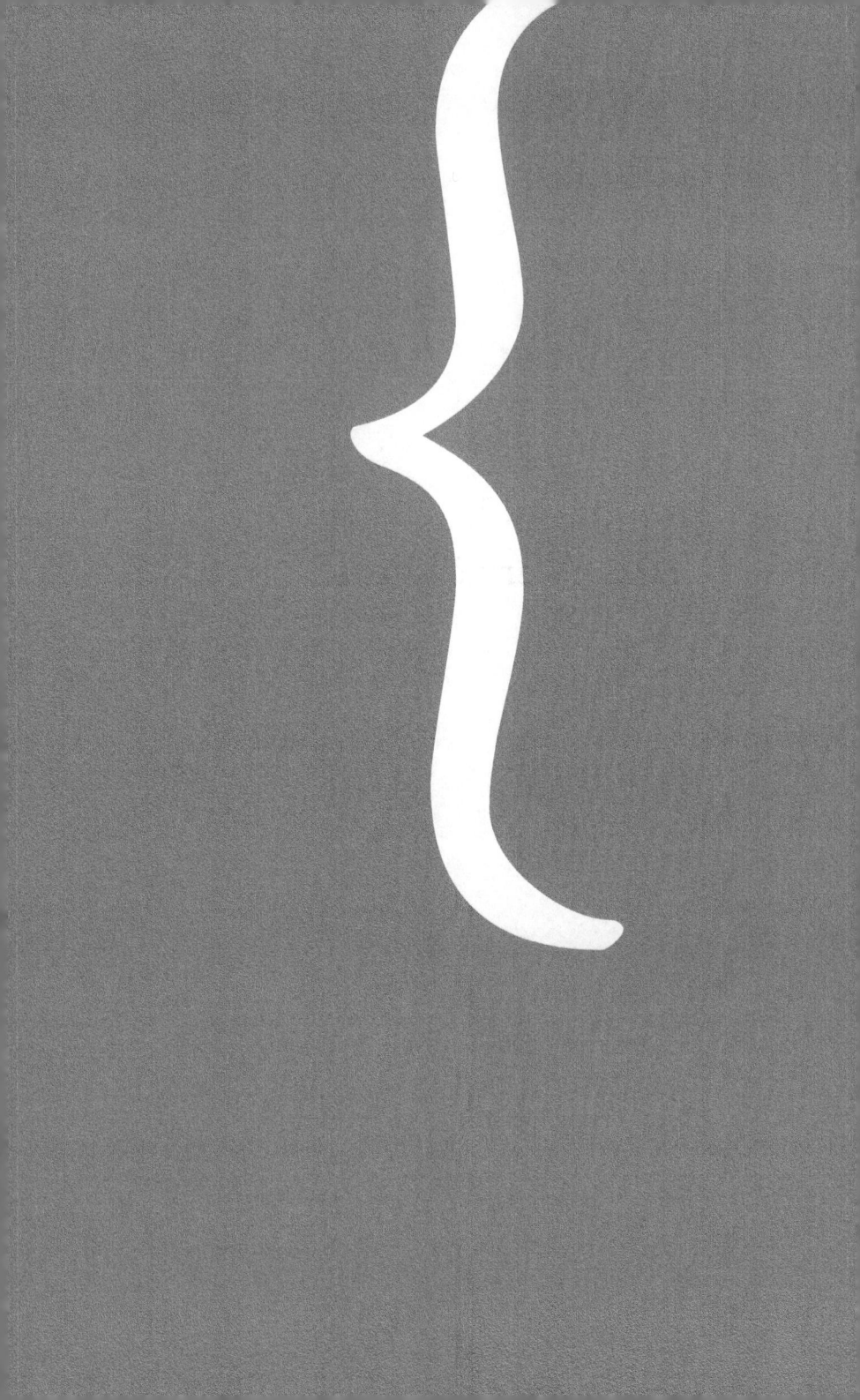

❰ NESTE ÚLTIMO CAPÍTULO, adentraremos em um universo no qual a interação humana e a tecnologia se entrelaçam de maneira singular. Assim, ao longo das próximas páginas, abordaremos os seguintes temas:

- Leitura e escrita na era digital: refletiremos sobre como o letramento digital se tornou uma habilidade essencial em nossa sociedade contemporânea, demandando novas práticas de leitura e escrita.
- Hipertexto: investigaremos as características do hipertexto e como ele transforma nossa experiência de leitura, permitindo uma navegação não linear e uma participação ativa na construção do texto.
- E-mail: analisaremos a importância do e-mail como ferramenta de comunicação, discutindo suas convenções e as

melhores práticas para redigir mensagens eficazes e adequadas a cada contexto.

* *Blogs*: examinaremos a trajetória dos *blogs* desde sua origem até se tornarem espaços de expressão pública e formação de comunidades, destacando sua relevância na era digital.
* *Podcast*: analisaremos as características do *podcast* como um gênero discursivo multimodal, abordando sua evolução e seu papel na disseminação de informações e na formação de comunidades.

seispontoum
Letramento digital

A tecnologia está tão presente em nossa vida que é quase impossível imaginar como seria viver sem ela, não é mesmo?

Vivemos em uma época em que a tecnologia nos proporciona inúmeras oportunidades e facilidades; porém, ela também nos desafia a acompanhar as constantes mudanças e inovações. A internet, por exemplo, alterou completamente a forma como nos comunicamos e nos informamos. Hoje, podemos acessar uma infinidade de recursos e serviços *on-line*, como bibliotecas, livrarias, *sites* de universidades e grupos de pesquisa. Além disso, podemos interagir com pessoas de diversos lugares e culturas, por meio de aplicativos como Facebook, WhatsApp, X (antigo Twitter), Instagram e muitos outros. Basta um clique, e o mundo se abre para nós.

Essa realidade é muito estimulante, mas também provoca alguns questionamentos: De que modo podemos aproveitar ao máximo as possibilidades que a tecnologia nos oferece? Como podemos nos manter atualizados e críticos diante das novas informações e ferramentas? Em que medida é possível recorrer à tecnologia de maneira ética e responsável?

> CURIOSIDADE
>
> A denominação *WhatsApp* é em um jogo de palavras envolvendo a expressão em inglês *What's up?* (que significa "E aí?").

A tecnologia nos fornece diferentes formas de nos comunicarmos. Podemos utilizar aplicativos e novos gêneros que combinam recursos como texto, imagem, som, vídeo e *emoji*, criando um modo de comunicação que é, ao mesmo tempo, fala e escrita, conversa e texto. A esse respeito, Costa (2005, p. 107-108, grifo do original) argumenta que

> o *chat* é diferente de uma conversa face a face ou telefônica. […] um *e-mail* não é uma carta, nem um fax, nem uma chamada telefônica […]. Ele é mais rápido que a correspondência postal comum, menos caro que o telefone, fácil de ser utilizado. Seu tom é coloquial e direto, não há perda de tempo, nem fórmulas convencionais. […] Esse tipo de dispositivo permite ainda que pessoas interessadas em um mesmo assunto possam fazer uma discussão coletiva *on-line*, como nos *fóruns*.

Você já percebeu como a forma de teclar influencia nossa comunicação? Costa (2005) comenta que teclar não é o mesmo que escrever à mão, uma vez que envolve diferentes habilidades e recursos. Assim, a comunicação pode ser síncrona ou assíncrona, a depender de como o emissor e o receptor estão sincronizados na troca de informações.

+ Comunicação síncrona: o receptor recebe as informações no mesmo instante em que o emissor as envia, como em uma conversa ao vivo.
+ Comunicação assíncrona: o receptor recebe as informações com algum atraso em relação ao emissor, como em um e-mail ou uma mensagem de texto. Nesse caso, o emissor precisa enviar sinais especiais para indicar o início e o fim de cada bloco de dados, para que o receptor possa entender o que foi transmitido.

Como explicam Reis et al. (2006, p. 2), na "comunicação síncrona, os relógios do emissor e do receptor estão em perfeito sincronismo e são dependentes, enquanto no tipo assíncrono os relógios do emissor e do receptor apenas têm que estar suficientemente próximos e são independentes". Observe o Quadro 6.1, a seguir, para entender isso melhor.

Quadro 6.1 – Tipos de comunicação

Em educação a distância (EaD), identificam-se três modalidades de comunicação:	
Comunicação síncrona	Ocorre em tempo real, permitindo interações imediatas entre os participantes.
Comunicação assíncrona	Dispensa a participação simultânea dos utilizadores, possibilitando que as mensagens sejam enviadas e recebidas em momentos diferentes.
Comunicação híbrida	Utiliza tanto a comunicação síncrona quanto a assíncrona, combinando os benefícios de ambas as abordagens.

Você já se sentiu incluído digitalmente apenas por saber ler e apertar teclas ou usar programas no computador? Caso sua resposta seja positiva, você precisa saber que isso não é suficiente para ser letrado digitalmente. O letramento digital demanda mais do que essas capacidades: exige fluência tecnológica, que se refere à capacidade de utilizar a tecnologia como uma prática social, e não apenas como uma ferramenta. Isso é diferente de ser alfabetizado, ou seja, de somente reconhecer as letras e os sons.

O letramento também implica saber ler e escrever em diferentes situações e contextos sociais, o que envolve conferir significados às informações provenientes de textos que combinam gráficos, palavras, sons e imagens. Isso significa que, para sermos letrados digitalmente (Figura 6.1), temos de conhecer e aplicar as regras que regem essa prática social e usá-las para produzir e representar conhecimentos (Almeida, 2005).

Figura 6.1 – **LETRAMENTO DIGITAL**

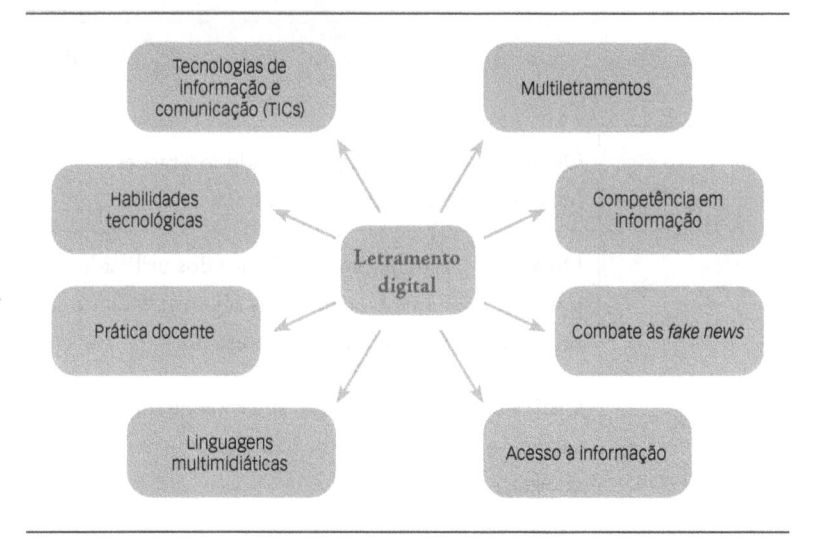

```
        Tecnologias de
        informação e                    Multiletramentos
        comunicação (TICs)

    Habilidades                              Competência em
    tecnológicas                             informação
                        Letramento
                         digital
    Prática docente                          Combate às fake news

        Linguagens                      Acesso à informação
        multimidiáticas
```

O letramento digital faz parte da educação atual e do contexto social em que vivemos. Isto é, na escola nos preparamos para a vida, para o trabalho, para sermos críticos diante das fontes de informação, assim como das mídias e das ferramentas digitais.

Sob essa ótica, o letramento digital está associado à realização de práticas de leitura e escrita que são diferentes das ações tradicionais de letramento e alfabetização. Para isso, precisamos de colaboração, curadoria, habilidades funcionais, segurança digital, entre outros aspectos. Ser digitalmente letrado significa assumir mudanças nos modos de ler e escrever os códigos e os sinais verbais e não verbais, se compararmos com as formas de leitura e escrita em livros – mesmo porque o suporte que abarca os textos digitais é a tela, que também é digital.

Assim, entendemos que, de certa forma, o letramento digital desafia a concepção de que o ensino e a aprendizagem se constituem em uma forma de ocupar os estudantes. De fato, eles estão se letrando por si mesmos e questionando os sistemas educacionais tradicionais, propondo um novo jeito de aprender. Nesse sentido, essa nova forma de aprendizagem é mais dinâmica e participativa, descentralizada da figura do professor e baseada na independência, na autonomia, nas necessidades e nos interesses dos alunos, que são usuários das tecnologias de comunicação digital (Xavier, 2002).

seispontodois
Hipertexto

O hipertexto é uma forma de apresentar informação *on-line*, acessada via computador, e cuja estrutura difere em relação aos textos tradicionais. Ele é constituído por blocos de informação conectados por *links* eletrônicos, os quais atuam como pontes que levam de um bloco a outro.

O hipertexto permite ao usuário escolher diferentes formas de ler, usando recursos de informação que não seguem uma ordem linear. Assim, podemos dizer que o hipertexto é criado tanto pelo autor que o planeja quanto pelo leitor que nele navega, selecionando os dados informacionais que lhe interessam (Lévy, 1999).

Curiosidade

O conceito de hipertexto surgiu na década de 1960, sendo cunhado por Ted Nelson, filósofo, sociólogo e pioneiro da tecnologia da informação. Na era inicial da informação, Nelson já antevia a existência de textos eletrônicos acessíveis por meio de suportes inteligentes e interativos. Essa visão visionária contribuiu significativamente para o desenvolvimento da tecnologia da informação e da comunicação.

Segundo Beaugrande (1997), o texto é um evento comunicativo que envolve as ações linguísticas, cognitivas e sociais dos participantes, e não apenas a sequência de palavras que eles falam ou escrevem. Dessa maneira, podemos entender que o hipertexto constitui uma ação linguística que se realiza em algum contexto social da língua.

Importante!

Em termos técnicos, o conceito de hipertexto é bastante simples: trata-se de um documento eletrônico que contém páginas interligadas por meio de *links*. O HTML (*HyperText Markup Language*) é a linguagem utilizada para criar esse tipo de documento. Embora existam outras linguagens para a escrita de hipertextos, o HTML é considerado o padrão para a publicação de conteúdo na *web*.

Nesse sentido, a essência do texto é a mesma tanto no meio impresso como no digital. Uma das diferenças entre texto e hipertexto está no suporte, que tem suas particularidades, influenciando no modo de leitura e, também, no tipo de leitor. De todo modo, sabemos que texto e hipertexto têm o objetivo de estabelecer a interatividade do leitor.

O hipertexto, além de proporcionar novas formas de acesso à informação, promove novos processos cognitivos, de conhecimento, de ler e de escrever. Trata-se de uma ferramenta de informação que leva o leitor a experimentar uma nova modalidade textual, resultando em uma maior integração entre mídia, informação e aprendizagem.

seispontotrês
E-mail

Compreendemos o correio eletrônico, ou e-mail, como uma ferramenta de comunicação de extrema relevância, tanto no âmbito das instituições quanto no uso pessoal. Você já parou para refletir sobre a ubiquidade do e-mail e no fato de ele ter se tornado indispensável para comunicar avisos, enviar documentos e transmitir mensagens diversas? Essa preferência generalizada pode ser atribuída ao seu baixo custo e à rapidez com que possibilita a troca de informações.

Mas, nessa reflexão, precisamos considerar que o principal atrativo do e-mail reside em sua flexibilidade. Inicialmente, ele não se submete a muitas regras de composição, o que permite certa liberdade expressiva. No entanto, à medida que o e-mail foi sendo incorporado às esferas mais formais e às instituições, tornou-se necessário adequar a linguagem utilizada a um padrão compatível com a comunicação oficial.

Dessa forma, é essencial que dominemos a arte de redigir e-mails de maneira correta e apropriada ao contexto comunicativo. Isso implica uma habilidade que transcende a simples transmissão de informações, uma vez que requer a capacidade de engajar o destinatário em um diálogo reflexivo e significativo.

Ao lermos um e-mail articulado com maestria, sentimo-nos compelidos a responder prontamente, não é verdade? Essa é a força de uma comunicação bem estruturada.

Nos contextos pessoal e profissional, é imperativo que saibamos compor um e-mail, visto que frequentemente temos de nos comunicar com empresas ou instituições educacionais, com os quais a escolha da linguagem não é trivial. Obviamente, não existe uma fórmula mágica que leve à perfeição na escrita de um e-mail; ela é reflexo de nosso nível cultural e de conhecimento. Contudo, podemos nos guiar por algumas orientações valiosas e praticá-las diligentemente.

Inicialmente, vamos refletir sobre a escolha de um endereço de e-mail. Pode parecer trivial, mas um endereço neutro, desprovido de ambiguidades, apelidos, números ou frases, é um excelente ponto de partida. Portanto, sempre opte por utilizar seu nome real, completo ou abreviado pelas iniciais.

O campo "assunto" do e-mail deve trazer uma síntese do conteúdo, isto é, uma breve descrição. Por exemplo, em vez de um genérico "Convite", prefira "Convite para inauguração de filial"

(Gold, 2005). Ao iniciar seu e-mail, mencione o nome do destinatário ou um vocativo apropriado. Se necessário, empregue títulos formais, como Sr. ou Sra. O uso de "Olá" é aceitável quando a identidade do destinatário é desconhecida, conferindo um tom pessoal à mensagem. Caso considere pertinente, apresente-se no primeiro parágrafo; do contrário, vá direto ao ponto principal, explicando o propósito de seu contato.

Ao redigir o corpo do e-mail, seja cortês ao fazer perguntas ou solicitações. Por exemplo, em vez de um imperativo "Envie o formulário", prefira "Seria possível enviar o formulário?" ou "Por gentileza, poderia encaminhar o formulário?". A polidez é fundamental.

Lembre-se de que a clareza, a concisão, a objetividade e a correção gramatical são essenciais na escrita. Assim, comece pelo mais importante e tente limitar o conteúdo a uma tela ou página (Gold, 2005).

Você já considerou o impacto que o uso de gírias pode ter na comunicação? Elas podem gerar constrangimento e obscurecer a mensagem que desejamos transmitir. Por isso, é essencial que a linguagem empregada seja clara e compreensível, a fim de evitar mal-entendidos.

Ademais, quanto à verificação da ortografia e da gramática, ela é necessária não somente para aprimorarmos nossa mensagem, mas também para demonstrarmos respeito pelo destinatário.

Quando encerramos uma mensagem, é fundamental empregar termos formais e adequados ao contexto, como "Atenciosamente", especialmente se o vocativo inicial for "Prezado". Ainda, na assinatura, faça constar seu nome completo, o cargo que você ocupa, a instituição em que trabalha e seu telefone; se preferir, mantenha apenas seu nome completo e outras informações adicionais de contato (Gold, 2005).

Ao anexar documentos ao e-mail, informe isso claramente no corpo da mensagem e nomeie os arquivos de forma apropriada, a fim de facilitar a organização e o acesso do destinatário aos documentos.

Neste momento, você pode estar pensando que, ao concluir esses passos, sua tarefa estará completa. Porém, sugerimos a você que sempre revise seus e-mails meticulosamente, à procura de erros ocultos, para se assegurar de que sua mensagem está cristalina. Caso considere necessário, solicite a confirmação de leitura, o que não apenas é útil como também lhe permite aguardar o retorno do destinatário com tranquilidade.

No Quadro 6.2, a seguir, apresentamos três exemplos hipotéticos de e-mails sobre o mesmo tema. Observe como a informalidade pode ser sutilmente ajustada de acordo com a situação e a cultura interna da empresa ou da instituição educacional. Além disso, repare que a apresentação inicial, o desenvolvimento do conteúdo e o desfecho são elementos que se mantêm constantes, independentemente do nível de formalidade.

Quadro 6.2 – **Exemplos de e-mail**

Exemplo 1	Exemplo 2	Exemplo 3
De: Teresa Para: Eric Chaves, Alberto Cotrim Assunto: Reunião Turma, Vocês não podem se atrasar pra reunião de quinta-feira, às 14. Temos vários assuntos para analisar. Tragam esses assuntos já estudados, OK? Até, Teresa	De: Teresa Para: Eric Chaves, Albert Cotrim Assunto: Reunião Pessoal, Estou confirmando nossa reunião de quinta-feira, às 14 horas. Não se atrasem, pois temos vários assuntos para analisar. Vocês estão sabendo que as conclusões deverão ser apresentadas à diretoria na segunda-feira, portanto tragam já os assuntos estudados. Um abraço, Teresa	De: Teresa Para: Eric Chaves, Alberto Cotrim Assunto: Reunião Equipe, Estou confirmando a reunião da próxima quinta-feira, às 14 horas. Solicito que não se atrasem, pois temos vários assuntos para analisar. Como as conclusões serão apresentadas à diretoria na próxima segunda-feira, tragam os assuntos devidamente estudados. Atenciosamente, Teresa Cunha Diretoria do Setor I (47) 3384-0000 ramal 123

FONTE: Elaborado com base em Gold, 2005.

Ao analisarmos os exemplos citados, percebemos que a linguagem e o grau de formalidade são moldados tanto pelo conteúdo quanto pelo destinatário. No primeiro exemplo, o e-mail desempenha um papel semelhante ao de um bilhete ou contato telefônico, adotando-se uma linguagem com um grau de informalidade que se aproxima da oralidade.

Já no segundo exemplo, apesar de a mensagem ser mais formalizada, a linguagem empregada revela certa urgência na comunicação, refletida até mesmo nos cumprimentos e nas despedidas.

Por fim, quando o e-mail é utilizado como um meio de comunicação interna formal, notamos um cuidado ampliado no planejamento das ideias e na gramática, como ilustrado no terceiro exemplo (Gold, 2005).

seispontoquatro
Blog e vlog

Imersos na vastidão das práticas discursivas, somos convidados por Marcuschi (2002) a refletir sobre a natureza fluida dos gêneros textuais. Você já se perguntou como essas formas de expressão transcendem as classificações rígidas e se moldam às dinâmicas sociais e culturais? O autor nos instiga a considerar que os gêneros não são entidades estáticas, mas reflexos das interações humanas, dos avanços tecnológicos e das estruturas de poder que permeiam nossa sociedade.

Em 1997, Jorn Barger, navegando pela imensidão da internet, cunhou o termo *weblog* em seu diário *on-line*, denominado *Robot Wisdom*. O termo, fusão das palavras em inglês *web* e *log*, simbolizava um registro de navegação na rede emergente de computadores (Caiado, 2005).

Nos primórdios da internet, os *blogs* surgiram como faróis, guiando os usuários por um verdadeiro caos digital, anotando páginas dignas de atenção. À época, para criar um *blog*, era essencial dominar a linguagem HTML, a arte da programação que tecia a *web* (Aguiar, 2006). Assim, os *blogs* eram coleções de *links* com comentários sucintos e sem espaço para diálogos, já que os mecanismos de interação, como os comentários, ainda não tinham sido implementados.

Com a revolução da *web* 2.0, os *blogs* se transformaram em plataformas dinâmicas, refletindo a democratização do saber. A web 2.0, descrita por Salatiel (2007) como uma interface gráfica mais amigável, promoveu a socialização do conteúdo e a ascensão de novas mídias. No centro desse universo comunicativo, testemunhamos a emergência de *blogs* com características renovadas, em que a interação e a participação do público são fundamentais.

A chegada dessa nova era também proporcionou a criação de *softwares* inovadores, como Pitas e Blogger, destacados por Malini (2008), os quais simplificaram a publicação de *blogs* e nos livraram da necessidade de dominar a linguagem HTML. A esse respeito, Antunez (2007) ressalta a importância dos CMS (*content management systems* – sistemas de gerenciamento de conteúdo), que permitem a qualquer internauta gerenciar um *site* de forma dinâmica, desde a criação até a administração de conteúdo.

Tais *softwares*, que muitas pessoas utilizam sem perceber a complexidade por trás deles, democratizaram a criação de conteúdo, unificando o formato dos *blogs* ao mesmo tempo que mantinham a essência de suas anotações cronológicas inversas, como apontado por Orihuela (2007). Nessa ótica, quando interagimos com *posts* e deixamos comentários, participamos ativamente da construção do conhecimento coletivo.

A facilidade de publicação, aliada à percepção da internet como um espaço de liberdade de expressão, impulsionou uma explosão de atividades *on-line*, especialmente entre os jovens. Talvez você não tenha se dado conta, mas certamente você faz parte dessa *blogosfera*, termo cunhado por William Quick para descrever essa comunidade vibrante de interações sociais e conexões (Magnabosco; Romualdo, 2012).

Com a evolução dos *blogs*, eles deixaram de ser meros filtros de informação e tornaram-se plataformas para uma pluralidade de vozes e linguagens. Esse fenômeno, como você deve saber, levou a um debate teórico sobre a identidade e a conceituação desses espaços virtuais.

Macêdo (2017) comenta que o *blog* é um espaço em que informações específicas e opiniões são compartilhadas abertamente; por sua vez, Ribeiro (2009) destaca que esse gênero promoveu a transição do papel para o digital e, com ela, a mudança de propósito: de privado para público.

De acordo com Heine (2008), a intimidade ainda permeia os *blogs*, pois são espaços nos quais as pessoas se revelam, inscrevendo-os na categoria de gêneros autobiográficos.

Segundo Marcuschi (2008), os *blogs* são particularmente populares entre os jovens, especialmente as mulheres, tornando-se parte integrante de suas interações diárias na *web*. Herring et al. (2004) notam que, embora haja um equilíbrio entre os gêneros e as idades dos blogueiros, o público feminino tende a utilizar os *blogs* como diários íntimos, enquanto os homens preferem usá-los como filtros de informação.

A escrita nos *blogs* transcende a mera exposição pessoal, pois consiste em um diálogo com o outro. A esse respeito, Komesu (2005) argumenta que a visibilidade no ambiente virtual é um índice crucial para a existência social, e é nesse contexto que os *blogs* se revelam como palcos para a expressão da vida cotidiana.

Assim, mais do que meros diários, os *blogs* são verdadeiros espetáculos da vida cotidiana, em que cada usuário comum assume o papel de emissor, compartilhando sua existência com um público global. Lemos (2002) comenta que essa prática se torna espetacular, e Lobo (2007) entende os *blogs* como uma dramatização pedagógica para a existência, um espelho onde nos vemos refletidos através dos outros.

A vida em comunidade, como Sennett (1998) sugere, é tecida pela abertura e troca entre as pessoas, e os *blogs* oferecem uma forma de terapia em grupo econômica e acessível via internet. Ao escrever e se ver nos relatos dos outros, o sujeito participa da construção de uma comunidade virtual, na qual os laços são formados por comentários, conversas e conexões recíprocas. No entanto, Primo e Smaniotto (2006) alertam que a verdadeira comunidade vai além de uma lista de amigos automatizada. A comunidade real exige interação genuína, uma constante negociação e problematização das relações.

Mais do que serem apenas diários *on-line*, os *blogs* são espaços de formação de comunidades. Nessa perspectiva, Sennett (1998) afirma que tais comunidades se formam mediante interações autênticas e cotidianas, por meio das quais grupos de pessoas com interesses comuns se unem para criar um "nós somos" na sociedade em rede.

É importante destacar que a construção de comunidades não ocorre apenas em *blogs* confessionais. Existem *blogs* educacionais, regionais, políticos, midiáticos e outros que também fomentam a formação de comunidades, seja por meio de conexões mútuas, seja pelo debate de temas correlatos.

Tal diversidade nos leva a questionar a concepção tradicional do *blog* como um diário pessoal, como mencionamos anteriormente. A atual blogosfera é muito mais ampla e não pode ser limitada a uma prática confessional ou a uma perspectiva de gênero. Sob essa ótica, concordamos com Primo (2008), para quem considerar os *blogs* somente como diários íntimos é uma visão redutora, dada a rica variedade de interações que eles possibilitam.

Sabemos que o suporte não constitui apenas um meio de transporte do texto, sendo também um elemento ativo que influencia sua forma e função. De acordo com Marcuschi (2003), o suporte textual é um lócus de fixação que pode interferir na textualização do gênero, e Maingueneau (2005) enfatiza que a alteração do suporte material modifica o próprio gênero.

Ademais, Oliveira (2020) observa que o suporte condiciona as marcas estilísticas e a dinâmica de um gênero, sendo essencial para sua identificação e compreensão pelo leitor. Entretanto, é preciso ter cautela, pois as fronteiras entre suporte e gênero nem sempre são claras e, muitas vezes, são percebidas como indissociáveis.

Diante da possibilidade de um gênero se manifestar em diferentes suportes, torna-se crucial estabelecer uma relação distintiva entre os gêneros textuais e seus suportes, especialmente no estudo dos gêneros digitais. Pereira (2007) argumenta que, em virtude da diversidade de gêneros presentes nos *blogs*, estes devem ser compreendidos não como gêneros em si, mas como espaços nos quais diversos gêneros se materializam.

Com suas funções comunicativas e características únicas, as *homepages* se estabelecem como entidades distintas na *web*. Segundo Marshall (2005), a *homepage* é um fenômeno *web-generated*, um gênero que se solidifica na rede com formas e conteúdos convencionados. O autor explica que as *homepages* são mais do que páginas de entrada, pois são construídas conforme um modelo mental genérico que define sua estrutura e interatividade. Tanto *homepages* institucionais, com logotipos e menus de navegação, quanto pessoais, com *hiperlinks* e mensagens de boas-vindas, seguem um padrão que as identifica como parte do contexto digital.

A hibridização das *homepages*, resultante do *software* que as suporta, bem como de sua inserção na grande rede, leva-nos a questionar a classificação de certos *blogs* como meros suportes.

As características únicas de um gênero digital, como a hipertextualidade e a hipermodalidade, são moldadas pela estrutura do *software* que hospeda os *blogs*. Desse modo, Souza (2010) alerta que ignorar o *software* é desconsiderar as particularidades que definem a operabilidade e a própria existência dos gêneros digitais.

Para compreender plenamente um gênero virtual, também é preciso estudar o suporte que o materializa, pois ele influencia diretamente a forma e a função do gênero. A tela, o computador e o *software* desempenham papéis distintos nesse ecossistema, sendo o *software* o elemento-chave que confere aos gêneros digitais suas propriedades interativas e multimodais.

seispontocinco
Podcast

Segundo a teoria de Bakhtin (1997), todo gênero é discursivo, ou seja, o enunciado concebe o texto, seja ele falado ou pensado, como heterogêneo e variado, a depender dos contextos de uso em diferentes esferas da sociedade.

Essa compreensão nos leva a um gênero diversificado, flexível e adaptável, que se molda aos propósitos de cada comunidade. E o que caracteriza o *podcast*? Por natureza, esse gênero é multimodal e multissemiótico, podendo ser apresentado em áudio e/ou vídeo. Trata-se de uma publicação audiovisual que pode ser transmitida ao vivo ou gravada para ser ouvida e assistida posteriormente. É importante ressaltar que o *podcast* necessita da internet, que permite o *download* ou o acesso ao conteúdo em qualquer momento e lugar.

Villarta-Neder e Ferreira (2020, p. 37) apresentam uma análise aprofundada sobre o tema:

> Tal gênero, presente no mundo digital, pode ser construído a partir de textos, vídeos ou áudios, sendo, no entanto, predominante a postagem de áudios. O que ocorre – e que chama a atenção em uma discussão educacional sobre gêneros discursivos, é, em primeiro lugar, que o *podcast*, que surge sem um intuito pedagógico inicial, cedo já começa a ser utilizado, fora de um contexto escolar/acadêmico, para relações de ensino e de aprendizagem.

O *podcast* passou por evoluções. Tomemos como exemplo o *podcast* O Assunto. Iniciado pela Rede Globo em agosto de 2019, inicialmente era uma experiência auditiva disponível no Spotify e no Globoplay.

Contudo, com a pandemia de covid-19 e a ascensão do YouTube, testemunhamos uma transformação significativa nesse gênero, que se expandiu e passou a incluir vídeos e transmissões ao vivo. Alguns exemplos são o Podpah e o Primocast.

Por ser um gênero discursivo predominantemente oral, o *podcast* está intrinsecamente sujeito a evoluções ao longo do tempo. Se, no princípio, ele era caracterizado pela partilha de áudio sobre variados temas, hoje ele se apresenta como um gênero multissemiótico, abrangendo vídeo e áudio, disseminado ou compartilhado em *sites* na internet.

Essa percepção é corroborada pelas palavras de Bakhtin (1997, p. 279), que nos desafia a considerar a natureza heterogênea e adaptável dos gêneros discursivos:

> A riqueza e a variedade dos gêneros do discurso são infinitas, pois a variedade virtual da atividade humana é inesgotável, e cada esfera dessa atividade comporta um repertório de gêneros do discurso que vai diferenciando-se e ampliando-se à medida que a própria esfera se desenvolve e fica mais complexa.

Estamos cientes de que um gênero discursivo é composto por três elementos fundamentais – o conteúdo temático, o estilo e a construção composicional –, os quais são testemunhas da capacidade de adaptação e da variação dos gêneros ao longo do tempo.

Mas, afinal, o que define o *podcast*? Ele é compreendido como um compêndio de arquivos em formato digital disponibilizados na internet. Essa plataforma moderna de mídia desempenha um papel crucial na disseminação de informações, com a vantagem de oferecer conteúdo sob demanda, que pode ser consumido conforme o interesse do público.

Contudo, assim como ocorre com diversos gêneros, o *podcast* também apresenta variações. Os seis principais tipos que exemplificam a diversidade e a riqueza desse gênero estão descritos no Quadro 6.3.

Quadro 6.3 – Variações do *podcast*

Tipo de *podcast*	Descrição	Exemplos
Monólogo	Conta apenas com um apresentador.	Respondendo em Voz Alta
		Não Inviabilize
Bate-papo	O formato de bate-papo ou papo informal é o mais comum entre os *podcasts*. Temáticas variadas são discutidas entre pessoas diferentes, em episódios que podem contar com participantes que podem ser fixos ou convidados.	NerdCast
		Foro de Teresina

(continua)

(Quadro 6.3 – conclusão)

Tipo de podcast	Descrição	Exemplos
Entrevista	Com um apresentador e convidados diferentes a cada episódio, este formato busca extrair do entrevistado aquilo que ele tem a dizer.	Mano-a-Mano
		Podpah
Matérias informativas	O formato jornalístico de *podcasts* talvez seja o que mais se assemelha ao rádio tradicional.	Café da manhã
		Durma com Essa
		O Assunto
Podcast de formação	É um formato dinâmico que se propõe a apresentar determinado tema e fornecer um panorama geral a respeito dele. Geralmente, os programas são dedicados a áreas do conhecimento específicas, como ciência, geografia, história, entre outras.	Scicast
		História FM
Storytelling	É mais difícil de ser produzido, embora seja muito mais emocionante. O *podcast* de *storytelling* pode conter histórias reais em formato de documentário ou fictícias roteirizadas, com atores interpretando seus personagens. Nesses programas, o narrador incute a emoção necessária ao texto, e a trilha sonora se faz mais presente.	Projetos Humanos
		Paciente 63

Destacamos que a internet tem sido o principal veículo de difusão do *podcast*, gênero discursivo oral que ganhou notoriedade em 2020. A pandemia de covid-19, ao restringir a interação social, impulsionou a popularidade desse formato e proporcionou novas formas de circulação. Antes dessa transformação, encontrávamos na internet plataformas que armazenavam *tags* de áudio sobre tópicos específicos daquele período.

Com a evolução tecnológica e o isolamento social imposto pela pandemia, o *podcast* emergiu como uma forma de entretenimento amplamente adotada, adaptando-se aos desejos da comunidade brasileira e conquistando espaço em mídias como YouTube, Twitch e outras páginas audiovisuais ou plataformas digitais.

Segundo pesquisa realizada pelo IAB Brasil (2021), o público-alvo do gênero é majoritariamente direcionado ao YouTube, além de outros *sites* que hospedam *podcasts* que versam sobre uma ampla gama de assuntos. O público-alvo é formado por 52% de homens e 48% de mulheres, com uma idade média de 34 anos, predominantemente da Região Sudeste do Brasil. Os mais ávidos ouvintes de *podcasts* são jovens entre 25 e 34 anos (32%) e adultos entre 35 e 54 anos (33%), enquanto outras faixas etárias participam em menor escala (IAB Brasil, 2021).

Síntese

Quadro 6.4 – Síntese dos conteúdos do capítulo

Leitura e escrita na era digital	Práticas de leitura e escrita adaptadas ao ambiente digital.
Hipertexto	Não linear, com participação ativa do leitor.
	Impacto na experiência de leitura e na construção do texto.
E-mail	Significância do e-mail como ferramenta de comunicação eficaz em diversos contextos pessoais e profissionais.
	Convenções e melhores práticas para redigir mensagens claras e adequadas ao contexto.
Blog e vlog	Origem e transformação dos *blogs* em espaços de expressão pública e formação de comunidades *on-line*.
	Relevância na disseminação de informações e na criação de diálogos entre diferentes indivíduos e grupos.
Podcast	Gênero discursivo multimodal: áudio e/ou vídeo, transmissão ao vivo ou gravada.
	Disseminação de informações e na formação de comunidades *on-line*.

Atividades de autoavaliação

1. Com base nas reflexões de Costa (2005) e Reis et al. (2006) sobre as mudanças na comunicação acarretadas pela tecnologia, qual das seguintes afirmações é verdadeira?
   a. A comunicação síncrona ocorre quando há um atraso na recepção das informações, como em um e-mail.
   b. Ser letrado digitalmente significa apenas saber ler e utilizar programas básicos no computador.
   c. O *chat* é considerado uma forma de comunicação que não difere da conversa face a face ou telefônica.
   d. A tecnologia transformou a comunicação em uma prática que combina fala e escrita, exigindo novas habilidades e recursos.
   e. O *blog* é um gênero que não permite a discussão coletiva *on-line* e que mantém rígidas as fronteiras entre público e privado.

2. Considerando-se as características do hipertexto e sua comparação com o texto tradicional, conforme descrito por Lévy (1999) e Beaugrande (1997), qual das seguintes afirmações é verdadeira?
   a. O hipertexto é uma estrutura estática de informação que não permite ao usuário escolher diferentes caminhos de leitura.
   b. O texto tradicional e o hipertexto não promovem a interatividade do leitor, sendo ambos lineares e unidirecionais.
   c. O hipertexto é criado exclusivamente pelo autor, sem a participação ativa do leitor na seleção de informações.
   d. O hipertexto oferece novas formas de acesso à informação e processos cognitivos, contribuindo para uma maior integração entre mídia, informação e aprendizagem.

e. A essência do texto é diferente no texto impresso e no texto digital, sendo o último incapaz de promover a interatividade do leitor.

3. Com base nas orientações de Gold (2005) para a redação de e-mails, qual das seguintes afirmações é verdadeira?
    a. Um endereço de e-mail eficaz deve conter apelidos e frases para refletir a personalidade do usuário.
    b. O campo "assunto" do e-mail deve ser genérico para manter a privacidade do conteúdo.
    c. É recomendável iniciar um e-mail com um imperativo, como "Envie o formulário", para garantir uma resposta rápida.
    d. Clareza, concisão, objetividade e correção gramatical são aspectos dispensáveis na escrita de um e-mail.
    e. Ao encerrar um e-mail, deve-se utilizar termos formais e adequados ao contexto, como "Atenciosamente", e assinar com informações completas de contato.

4. Tendo em vista a evolução dos *blogs* desde os primórdios da internet até a era da *web* 2.0, conforme descrito por diversos autores, qual das seguintes afirmações é verdadeira?
    a. Os *blogs* sempre foram plataformas interativas, permitindo comentários e diálogos desde sua criação.
    b. A criação de *blogs* na *web* 2.0 ainda exige conhecimentos avançados em linguagem HTML e programação.
    c. Os *blogs* evoluíram de simples registros de navegação para espaços de expressão pública e interação social.

d. Os sistemas de gerenciamento de conteúdo (*content management systems* – CMS) tornaram mais complexas a criação e a administração de conteúdo em *blogs*, limitando seu acesso a especialistas.
e. A blogosfera é um fenômeno recente que surgiu com a *web* 2.0, sem precedentes na história da internet.

5. Acerca da natureza e evolução do gênero *podcast*, conforme discutido por Bakhtin (1997) e outros autores, qual das seguintes afirmações é verdadeira?
    a. O *podcast* é um gênero que permaneceu inalterado desde sua criação, mantendo-se como uma experiência auditiva exclusiva.
    b. A pandemia de covid-19 teve pouco impacto na popularidade e na forma de circulação dos *podcasts*.
    c. O *podcast* é um gênero discursivo que não se adapta às mudanças tecnológicas e às necessidades de comunicação da sociedade.
    d. O *podcast*, inicialmente uma publicação audiovisual, evoluiu para incluir interações ao vivo e conteúdo em vídeo, tornando-se mais acessível com a *web* 2.0.
    e. Os *podcasts* são caracterizados por sua uniformidade, sem apresentar variações ou adaptações em sua estrutura ao longo do tempo.

Atividades de aprendizagem

Questões para reflexão

1. Com a transição dos *blogs* de simples diários *on-line* para plataformas de expressão pública e interação social, como você acredita que a sua própria maneira de compartilhar e consumir informações mudou? Em sua opinião, a evolução dos *blogs* e dos *podcasts* tem influenciado a forma como você se envolve com as comunidades virtuais e aprende com elas?

2. Pensando na teoria de Bakhtin (1981) sobre a natureza fluida dos gêneros textuais, como você percebe a adaptabilidade dos gêneros discursivos em sua vida cotidiana? De que maneira a capacidade de adaptação dos gêneros influencia a forma como você se comunica e se expressa em diferentes contextos?

Atividade aplicada: prática

1. Com base no que aprendemos sobre o *podcast*, que tal gravar um? Siga estas etapas:

   I. Escolha um tema de interesse que seja relevante para a comunidade em que você está inserido.

   II. Planeje um roteiro que inclua introdução, desenvolvimento e conclusão, considerando o conteúdo temático, o estilo e a construção composicional.

   III. Grave um episódio de *podcast* de 5 a 10 minutos, utilizando recursos de áudio e, se possível, vídeo.

   IV. Reflita sobre como o *podcast* como gênero discursivo facilitou ou limitou a expressão do tema escolhido.

considerações finais

AO ENCERRARMOS ESTA jornada, é gratificante refletir sobre os caminhos percorridos e os conhecimentos compartilhados ao longo deste livro. Desde o primeiro capítulo, nossa intenção foi proporcionar uma abordagem que não apenas informasse, mas também inspirasse e desafiasse o leitor a explorar a linguagem em sua plenitude.

Acreditamos firmemente que a leitura é uma experiência transformadora, na qual o leitor desempenha um papel ativo para a construção de significados. Com isso em mente, enfatizamos a importância de perceber a leitura como um diálogo entre leitor, texto e autor, assim como de reconhecer a escrita como uma expressão singular do ser humano.

Ao longo dos capítulos, examinamos temas fundamentais, como a natureza da linguagem, os diferentes gêneros discursivos e as práticas sociais associadas à linguagem. Em cada um deles, oferecemos uma visão abrangente e crítica desses fenômenos, incentivando o leitor a refletir sobre seu papel na sociedade letrada.

Uma das principais qualidades deste material reside em sua abordagem interdisciplinar, que incorpora contribuições da linguística, da teoria literária, da semiótica e de outras áreas afins. Essa variedade de perspectivas enriqueceu nossa discussão e propiciou um entendimento mais amplo e aprofundado dos assuntos tratados.

À medida que os leitores avançam em suas jornadas acadêmicas e profissionais, recomendamos que prossigam na investigação dos temas abordados neste livro. Para aqueles que desejam aprofundar seus conhecimentos, sugerimos a leitura de obras clássicas e contemporâneas sobre linguagem, literatura e educação, bem como a participação em grupos de estudo e eventos acadêmicos.

Em suma, esperamos que este material tenha sido não apenas uma fonte de aprendizado como também uma inspiração para continuar explorando o fascinante mundo da linguagem. Que as reflexões e os *insights* aqui apresentados possam acompanhá-los em suas trajetórias pessoais e profissionais, enriquecendo suas práticas pedagógicas e contribuindo para uma compreensão mais profunda e significativa da linguagem humana.

referências

ABAURRE; M. L.; PONTARA, M. L.; FADEL, T. Português: língua e literatura. São Paulo: Moderna, 2002.

AGUIAR, K. F. Ciberesferas públicas: os blogs como espaços de discussão política. 2006. Disponível em: <https://bit.ly/3VGAotQ>. Acesso em: 24 jun. 2024.

ALMEIDA, M. E. Letramento digital e hipertexto: contribuições à educação. In: PELLANDA, N.; SCHLÜNZEN, E.; SCHLÜNZEN, K. (Org.). Inclusão digital: tecendo redes afetivas/cognitivas. Rio de Janeiro: DP&A, 2005. p. 32-47.

ANDRADE, C. D. de. Reunião: 10 livros de poesia. Rio de Janeiro: J. Olympio, 1971.

ANDRADE, M. M. de; MEDEIROS, J. B. Comunicação em língua portuguesa. São Paulo: Atlas, 2001.

ANTUNEZ, J. L. O impacto da aparição do sistema de gerenciamento de conteúdo (CMS). In: ORDUÑA, O. E. et al. (Org.). Blogs: revolucionando os meios de comunicação. São Paulo: Thomson Learning, 2007. p. 21-40.

BAKHTIN, M. Estética da criação verbal. 2. ed. São Paulo: M. Fontes, 1997.

BAKHTIN, M. Marxismo e filosofia da linguagem. São Paulo: Hucitec, 1981.

BARBIE. Direção: Greta Gerwig. EUA: Warner Bros, 2023. 114 min.

BARROS, A. Bullying: é preciso levar a sério ao primeiro sinal. Nova Escola, 7 abr. 2008. Disponível em: <https://bit.ly/493szmV>. Acesso em: 5 jun. 2024.

BARROS, D. L. P. de. A comunicação humana. In: FIORIN, J. L. (Org.). Introdução à linguística. São Paulo: Contexto, 2011a. p. 42-61.

BARROS, D. L. P. de. Teoria semiótica do texto. São Paulo: Ática, 2011b.

BARTHES, R. O prazer do texto. São Paulo: Perspectiva, 1973.

BEAUGRANDE, R. de. New Foundations for a Science of Text and Discourse: Cognition, Communication, and Freedom of Access to Knowledge and Society. New Jersey: Ablex Publishing Corporation, 1997.

BONINI, A. Os gêneros do jornal: o que aponta a literatura da área de comunicação no Brasil? Linguagem em (Dis)curso, v. 4, n. 1, 205-231, jul./dez. 2003. Disponível em: <https://bit.ly/4cvVcv5>. Acesso em: 11 jun. 2024.

BRASIL. Ministério da Educação. Base Nacional Comum Curricular. Brasília, 2018.

BRASIL. Ministério da Educação. Secretaria de Educação Fundamental. Parâmetros Curriculares Nacionais: Língua Portuguesa. Brasília, 2001.

CAIADO, R. V. R. meuqeuridoblog.com: a notação escrita produzida no gênero weblog e sua influência na notação escrita escolar. 148 f. Dissertação (Mestrado em Letras) – Universidade Federal de Pernambuco, Recife, 2005. Disponível em: <https://bit.ly/4ewV5RO>. Acesso em: 19 jun. 2024.

CÂNDIDO, A. Vários escritos. São Paulo: Duas Cidades, 1995.

CASAGRANDE, F. C. G. Língua falada e língua escrita: uma proposta didática para as aulas de língua portuguesa. In: SEMINÁRIO DE PESQUISA EM CIÊNCIAS HUMANAS, 11., 2016, Londrina. Anais… Londrina: EdUEL, 2016. p. 724-736. Disponível em: <https://bit.ly/3zagmQU>. Acesso em: 11 jun. 2024.

CITELLI, A. O texto argumentativo. São Paulo: Scipione, 1999.

COELHO, N. N. Literatura infantil: teoria, análise, didática. São Paulo: Moderna, 2000.

COLLINS, A.; SMITH, E. E. Teaching the Process of Reading Comprehension. Technical Report, n. 182, p. 1-43, Sept. 1980.

CORACINI, M. J. R. F. Leitura: decodificação, processo discursivo...? In: CORACINI, M. J. R. F. (Org.). O jogo discursivo na sala de aula: língua materna e língua estrangeira. Campinas: Pontes, 1995. p. 13-29.

COSTA, A. Desenvolver a capacidade de argumentação dos estudantes: um objectivo pedagógico fundamental. Revista Iberoamericana de Educación, v. 46, n. 5, p. 1-8, jun. 2008. Disponível em: <https://bit.ly/3RuZHxB>. Acesso em: 11 jun. 2024.

COSTA, S. R. (Hiper)textos ciberespaciais: mutações do/no ler-escrever. Cadernos CEDES, v. 25, n. 65, p. 102-116, jan./abr. 2005. Disponível em: <https://bit.ly/4c65VfX>. Acesso em: 11 jun. 2024.

COUTINHO, A. Notas de teoria literária. Rio de Janeiro: Civilização Brasileira, 1978.

DIDIO, L. Leitura e produção de textos. São Paulo: Atlas, 2013.

DIONÍSIO, M. de L. Educação e os estudos atuais sobre letramento. Perspectiva, v. 25, n. 1, p. 209-224, 2007. Disponível em: <https://bit.ly/3zah68D>. Acesso em: 11 jun. 2024.

EAGLETON, T. Teoria da literatura: introdução. São Paulo: M. Fontes, 2003.

ESTRATÉGIA. In: HOUAISS, A.; VILLAR, M. de S. Dicionário Houaiss de Língua Portuguesa. Rio de Janeiro: Objetiva, 2001.

FARACO, C. A. Linguagem & diálogo: as ideias linguísticas do Círculo de Bakhtin. Curitiba: Criar Edições, 2003.

FARACO, C. A.; TEZZA, C. Prática de texto para estudantes universitários. Petrópolis: Vozes, 2001.

FARIA, M. A.; ZANCHETTA JR., J. Para ler e fazer o jornal na sala de aula. São Paulo: Contexto, 2002.

FIORIN, J. L. Elementos de análise do discurso. São Paulo: Contexto, 2013.

FIORIN, J. L. Os Aldrovandos Cantagalos e o preconceito linguístico. In: SILVA, F. L. da; MOURA, H. M. de M. (Org.). O direito à fala: a questão do preconceito linguístico. Florianópolis: Insular, 2006. p. 13-37.

FIORIN, J. L.; PLATÃO, F. S. Para entender o texto: leitura e redação. São Paulo: Ática, 2001.

FOUCAMBERT, J. A leitura em questão. Porto Alegre: Artes Médicas, 1994.

FREIRE, P. A importância do ato de ler. São Paulo: Cortez, 1997.

FREITAS, M. T. A. O pensamento de Vygotsky e Bakhtin no Brasil. Campinas: Papirus, 1994.

GASPAROVIC, M.; RASIA, G. dos S. Aylan Kurdi e *Charlie Hebdo*: discursividades que se repetem e se modificam em histórias entrelaçadas. In: LAU, H. D.; FATIMA, W. da S. de (Org.). Raça, gênero e sexualidade em perspectivas discursivas: efeitos e práticas da/na violência. São Paulo: Pimenta Cultural, 2020. v. 2. p. 106-127.

GERALDI, J. W. Linguagem e ensino: exercícios de militância e divulgação. Campinas: Mercado de Letras, 1996.

GERALDI, J. W. Unidades básicas do ensino de português. In: GERALDI, J. W. (Org.). O texto na sala de aula. São Paulo: Ática, 2002. p. 19-35.

GOLD, M. Redação empresarial: escrevendo com sucesso na era da globalização. 3. ed. São Paulo: Pearson Prentice Hall, 2005.

HEINE, P. B. Considerações sobre a cena enunciativa: a construção do ethos nos blogs. Linguagem em (Dis)curso, v. 8, n. 1, p. 149-174, 2008. Disponível em: <https://bit.ly/3XyE2st>. Acesso em: 24 jun. 2024.

HERRING, S. C. et al. Woman and Children Last: the Discursive Construction of Weblogs. Indiana: Indiana University, 2004. Disponível em: <https://bit.ly/4cl6brC>. Acesso em: 24 jun. 2024.

IAB BRASIL. A influência da publicidade digital no universo dos podcasts. 2021. Disponível em: <https://bit.ly/4cufpSQ>. Acesso em: 5 jun. 2024.

INGARDEN, R. A obra da arte literária. 3. ed. Lisboa: Calouste Gulbenkian, 1965.

ISER, W. A interação do texto com o leitor. In: JAUSS, H. R. et al. (Org.). A literatura e o leitor: textos de estética da recepção. Rio de Janeiro: Paz e Terra, 1979. p. 41-59.

JAUSS, H. R. A história da literatura como provocação à teoria literária. São Paulo: Ática, 1994.

JAUSS, H. R. Esthétique de la réception et communication littéraire. Critique, v. 37, n. 4, p. 116-130, 1981.

KLEIMAN, Â. Leitura: ensino e pesquisa. São Paulo: Pontes, 1996.

KLEIMAN, Â. Texto e leitor: aspectos cognitivos da leitura. Campinas: Pontes, 1989.

KOCH, I. G. V. Argumentação e linguagem. São Paulo: Cortez, 1984.

KOCH, I. G. V. Desvendando os segredos do texto. São Paulo: Cortez, 2011.

KOMESU, F. C. Entre o público e o privado: um jogo enunciativo na constituição do escrevente de blogs na internet. 296 f. Tese (Doutorado em Linguística) – Universidade Estadual de Campinas, Campinas, 2005. Disponível em: <https://bit.ly/3xI7q4K>. Acesso em: 24 jun. 2024.

LAGE, N. A reportagem: teoria e técnica de entrevista e pesquisa jornalística. 6. ed. Rio de Janeiro: Record, 2006.

LAJOLO, M. O texto não é pretexto. In: ZILBERMAN, R. (Org.). Leitura em crise na escola: as alternativas do professor. Porto Alegre: Mercado Aberto, 1982. p. 7-19.

LEMOS, A. A arte da vida: diários pessoais e webcams na internet. In: CONGRESSO BRASILEIRO DE CIÊNCIAS DA COMUNICAÇÃO, 25., 2002, Salvador. Anais… Salvador: UFBA, 2002. Disponível em: <https://bit.ly/3VFN1VV>. Acesso em: 24 jun. 2024.

LER. In: Dicio: Dicionário Online de Português. Porto: 7Graus, 2024. Disponível em: <https://bit.ly/3vTzYY1>. Acesso em: 27 jan. 2024.

LÉVY, P. O que é virtual? São Paulo: Ed. 34, 1999.

LO PRETE, R. O Assunto: os episódios mais ouvidos do primeiro ano. G1, 24 ago. 2020. Disponível em: <https://bit.ly/3KScx5o>. Acesso em: 17 jun. 2024.

LOBO, L. Segredos públicos: os blogs de mulheres no Brasil. Rio de Janeiro: Rocco, 2007.

MACÊDO, I. M. F. Letramento digital: o uso do smartphone para a aprendizagem da leitura. In: SIMPÓSIO NACIONAL DE LINGUAGENS E GÊNEROS TEXTUAIS, 4., 2017, Campina Grande. Anais... Campina Grande: Realize, 2017. Disponível em: <https://bit.ly/45VaFTr>. Acesso em: 24 jun. 2024.

MACEDO, N. D. de. Iniciação à pesquisa bibliográfica: guia do estudante para a fundamentação do trabalho de pesquisa. 2. ed. São Paulo: Loyola, 1994.

MACHADO, A. R.; LOUSADA, E.; ABREU-TARDELLI, L. S. Resumo: leitura e produção de textos técnicos e acadêmicos. São Paulo: Parábola, 2004.

MAGNABOSCO, G.; ROMUALDO, E. C. O blog: revisão da literatura e proposta de conceituação. In: NAVARRO, P.; POSSENTI, S. (Org.). Estudos do texto e do discurso: práticas discursivas na contemporaneidade. São Carlos: Pedro & João Editores, 2012. p. 103-130.

MAINGUENEAU, D. Análise de textos de comunicação. 4. ed. São Paulo: Cortez, 2005.

MALINI, F. Por uma genealogia da blogosfera: considerações históricas (1997 a 2001). In: CONGRESSO DE CIÊNCIAS DA COMUNICAÇÃO NA REGIÃO SUDESTE, 13., 2008, São Paulo. Anais... São Paulo, 2008. p. 1-14. Disponível em: <https://bit.ly/3XGv38v>. Acesso em: 24 jun. 2024.

MARCUSCHI, L. A. A questão do suporte nos gêneros textuais. 2003. Disponível em: <https://bit.ly/45Gryku>. Acesso em: 24 jun. 2024.

MARCUSCHI, L. A. Da fala para a escrita: atividades de retextualização. São Paulo: Cortez, 2004.

MARCUSCHI, L. A. Gêneros textuais: configuração, dinamicidade e circulação. In: KARWOSKI, A. C. M.; GAYDECZKA, B.; BRITO, K. S. (Org.). Gêneros textuais: reflexões e ensino. 4. ed. São Paulo: Parábola, 2011. p. 17-31.

MARCUSCHI, L. A. Gêneros textuais: definição e funcionalidade. In: DIONÍSIO, A. P.; MACHADO, A. R.; BEZERRA, M. A. (Org.). Gêneros textuais & ensino. Rio de Janeiro, Lucerna, 2002. p. 49-63.

MARCUSCHI, L. A. Produção textual, análise de gêneros e compreensão. São Paulo: Parábola, 2008.

MARSHALL, D. Pesquisadores da linguagem no ciberespaço: um estudo sobre o gênero home page pessoal. 148 f. Dissertação (Mestrado em Letras) – Universidade Federal de Santa Maria, Santa Maria, 2005. Disponível em: <https://bit.ly/3KZY4oi>. Acesso em: 24 jun. 2024.

MAZUI, G.; MARTELLO, A. Incentivo à alimentação saudável e guia para políticas e compras de governo; entenda a nova cesta básica. G1, 9 mar. 2024. Disponível em: <https://bit.ly/3Td6qfW>. Acesso em: 5 jun. 2024.

MERRELL, F. A semiótica de Charles Peirce hoje. Unijuí: Ed. Unijuí, 2012.

MINISTÉRIO DA SAÚDE. Coronavírus .png: acesse a Campanha Nacional do Coronavírus de 2021. gov.br, 7 nov. 2022. Disponível em: <https://www.gov.br/saude/pt-br/campanhas-da-saude/2021/coronavirus/acesse-as-pecas/coronavirusimg.PNG/view>. Acesso em: 11 set. 2024.

MOITA LOPES, L. P. da. Um modelo interacional de leitura. In: LOPES, L. P. da M. (Org.). Oficina de linguística aplicada: a natureza social e educacional dos processos de ensino-aprendizagem de línguas. Campinas: Mercado de Letras, 1989. p. 18-32.

MORRIS, C. Signs, Language and Behavior. Montana: Literary Licensing, LLC, 2011.

MOTTA-ROTH, D.; HENDGES, G. R. Produção textual na universidade. São Paulo: Parábola, 2010.

NERY, A. Língua escrita e oral: não se fala como se escreve. UOL. Disponível em: <https://bit.ly/48oxoy4>. Acesso em: 5 jun. 2024.

NICOLA, J. de. Língua, literatura e produção de textos. São Paulo: Scipione, 2009.

OLIVEIRA, C. A. Gênero digital: uma expressão inadequada? Caminhos em Linguística Aplicada, v. 22, n. 1, p. 1-21, 2020. Disponível em: <https://bit.ly/4bgoqNu>. Acesso em: 24 jun. 2024.

ORIHUELA, J. L. Blogs e blogosfera: o meio e a comunidade. In: ORDUÑA, O. I. et al. Blogs: revolucionando os meios de comunicação. São Paulo: Thomson Learning, 2007. p. 1-20.

ORLANDI, E. P. Discurso e leitura. São Paulo: Cortez, 2000.

PAULA, L. de. Círculo de Bakhtin: uma análise dialógica de discurso. Revista de Estudos da Linguagem, Belo Horizonte, v. 21, n. 1, p. 239-258, jan./jun. 2013. Disponível em: <https://bit.ly/3VxZf2Z>. Acesso em: 10 jun. 2024.

PAZINATO, C. Os sentidos produzidos nas charges de Henfil no jornal O Pasquim sobre o AI-5. 145 f. Dissertação (Mestrado em Letras) – Universidade Federal de Santa Maria, Santa Maria, 2021. Disponível em: <https://bit.ly/3RyybiZ>. Acesso em: 10 jun. 2024.

PEIRCE, C. S. Peirce on Signs: Writings on Semiotic. London: The University of North Carolina Press, 1991.

PEREIRA, A. C. B. G. Blog, mais um gênero do discurso digital? In: SIMPÓSIO INTERNACIONAL DE ESTUDOS DE GÊNEROS TEXTUAIS, 4., 2007, Florianópolis. Anais... Florianópolis: Unisul, 2007. p. 516-523. Disponível em: <https://bit.ly/3VGYlBp>. Acesso em: 24 jun. 2024.

PODPAH. Disponível em: <https://www.youtube.com/c/podpah>. Acesso em: 17 jun. 2024.

PREFEITURA DE BELO HORIZONTE. Acamados podem receber vacina contra Influenza em casa. 10 abr. 2017. Disponível em: <https://bit.ly/3PdKRuz>. Acesso em: 5 jun. 2024.

PRIMO, A. Os blogs não são diários pessoais online: matriz para a tipificação da blogosfera. Revista Famecos, v. 15, n. 36, p. 122-128, 2008. Disponível em: <https://bit.ly/3KYgoPW>. Acesso em: 24 jun. 2024.

PRIMO, A.; SMANIOTTO, A. Comunidades de blogs e espaços conversacionais. Prisma.com, n. 3, p. 230-272, 2006. Disponível em: <https://bit.ly/3xAtyy3>. Acesso em: 24 jun. 2024.

PRIMOCAST. Disponível em: <https://www.youtube.com/c/PrimoCast>. Acesso em: 17 jun. 2024.

PROENÇA FILHO, D. A linguagem literária. São Paulo: Ática, 2003.

REIS, A. D. et al. Sistemas de comunicação síncrona e assíncrona de dados. 2006. Disponível em: <https://bit.ly/4bdPtsF>. Acesso em: 19 jun. 2024.

RIBEIRO, T. S. E-mail e blog: "gêneros textuais" ou veículos de comunicação? Hipertextus, n. 2, p. 1-9, 2009. Disponível em: <https://bit.ly/4eA86dc>. Acesso em: 24 jun. 2024.

ROCHA, P. de F. Charge e cartum: diálogos entre o humor e a crítica. Revista Uniandrade, v. 12, n. 1, p. 4-16, 2011. Disponível em: <https://bit.ly/3xt7qFR>. Acesso em: 10 jun. 2024.

RODRIGUES, R. da S. V. Saussure e a definição da língua como objeto de estudos. ReVEL, ed. esp., n. 2, p. 1-25, 2008. Disponível em: <https://bit.ly/4bfEizA>. Acesso em: 10 jun. 2024.

RODRIGUES, R. H. Linguística aplicada: ensino de língua materna. Florianópolis: LLV/CCE/UFSC, 2011.

ROJO, R. Gêneros de discurso/texto como objeto de ensino de línguas: um retorno ao Trivium? In: SIGNORINI, I. (Org.). (Re)discutir texto, gênero e ensino. São Paulo: Parábola, 2008. p. 83-108.

ROMUALDO, E. C. Charge jornalística: intertextualidade e polifonia – um estudo de charges da Folha de S.Paulo. Maringá: Eduem, 2000.

SALATIEL, J. R. Estudo sobre comunicação em web 2.0: mídias modulares. In: CONGRESSO BRASILEIRO DE CIÊNCIAS DA COMUNICAÇÃO, 30., 2007, Londrina. Anais... Londrina: UEL, 2007. p. 1-9. Disponível em: <https://bit.ly/3VG6yG5>. Acesso em: 24 jun. 2024.

SANT'ANNA, A.; ROCHA JÚNIOR, I.; GARCIA, L. F. D. Propaganda: teoria, técnica e prática. 9. ed. São Paulo: Cengage Learning, 2015.

SANTA CATARINA. Defesa Civil de Santa Catarina. SC livre da dengue: cada cidadão é responsável. Disponível em: <https://bit.ly/3V9J915>. Acesso em: 5 jun. 2024.

SANTOS-THÉO, I. O. Tipos de leitura. Revista de Educação CEAP, v. 11, n. 41, p. 1-12, 2003.

SARAIVA, J. A. Leitura e alfabetização: do plano do choro ao plano da ação. Porto Alegre: Artmed, 2001.

SARTRE, J. P. Que é a literatura. São Paulo: Ática, 1948.

SAUSSURE, F. de. Curso de linguística geral. 2. ed. São Paulo: Cultrix, 2006.

SENNETT, R. O declínio do homem público: as tiranias da intimidade. São Paulo: Companhia das Letras, 1998.

SEVERINO, A. J. Metodologia do trabalho científico. 23. ed. São Paulo: Cortez, 2010.

SOARES, M. Letramento e alfabetização: as muitas facetas. Revista Brasileira de Educação, n. 25, p. 5-17, jan./abr. 2004. Disponível em: <https://bit.ly/45vIoUq>. Acesso em: 10 jun. 2024.

SOLÉ, I. Estratégias de leitura. Porto Alegre: Artmed, 1998.

SOUZA, A. G. Software e gênero digital: o caso do e-mail acoplado em uma plataforma WWW. In: MOURA, M. D.; SIMBALDO, M. A.; SEDRINS, A. P. (Org.). Novos desafios da língua: pesquisas em língua falada e escrita. Maceió: EdUFAL, 2010. p. 343-348.

TERRA, E. Linguagem, língua e fala. São Paulo: Scipione, 1997.

VILLARTA-NEDER, M. A.; FERREIRA, H. M. O podcast como gênero discursivo: oralidade e multissemiose aquém e além da sala de aula. Letras, n. 1, p. 35-56, 2020. Disponível em: <https://bit.ly/3KNnKVo>. Acesso em: 10 jun. 2024.

XAVIER, A. C. dos S. O hipertexto na sociedade da informação: a constituição do modo de enunciação digital. 214 p. Tese (Doutorado em Linguística) – Universidade Estadual de Campinas. Campinas, 2002. Disponível em: <https://bit.ly/3VLdGlz>. Acesso em: 10 jun. 2024.

bibliografia comentada

ROJO, R.; BARBOSA, J. P. Hipermodernidade, multiletramentos e gêneros discursivos. São Paulo: Parábola, 2015.

Esse livro apresenta uma abordagem teórica robusta, aliada a exemplos práticos da vida cotidiana, evitando cenários fictícios. As discussões vão além de simples paráfrases, incorporando o pensamento de Bakhtin e seu Círculo em diálogo com outros teóricos para enriquecer e expandir nossa compreensão sobre os temas. A obra é meticulosa ao examinar os gêneros literários como entidades universais (Capítulo 1), sua presença nas práticas sociais (Capítulo 2) e a estrutura interna dos gêneros (Capítulo 3). No quarto capítulo, as autoras refletem sobre a teoria dos gêneros na era hipermoderna. Notáveis são as qualidades didáticas do livro, que incluem uma narrativa clara e exemplificada, resumos concisos, referências úteis para estudos mais aprofundados e atividades que permitem uma imersão diferenciada nos temas de cada capítulo.

SIGNORINI, I. (Org.). (Re)discutir texto, gênero e discurso. São Paulo: Parábola, 2008.

A obra reúne estudos que exploram texto, gênero e discurso, temas relevantes em diversas disciplinas e correntes de estudo da linguagem. Os trabalhos compartilham uma abordagem teórico-metodológica que considera a linguagem em seus contextos reais de uso e interação social, refletindo contribuições de acadêmicos de diferentes áreas e instituições. A investigação proposta transcende fronteiras disciplinares, reconhecendo a indecidibilidade e incompletude como aspectos intrínsecos ao estudo das dinâmicas linguístico-discursivas atuais. O livro está dividido em duas partes interconectadas que versam sobre esses temas e suas fundações epistemológicas, apresentando uma variedade de perspectivas investigativas sem a pretensão de serem conclusivas.

SOARES, M. Alfabetização e letramento. São Paulo: Contexto, 2018.

O persistente problema do analfabetismo no Brasil é abordado neste livro, que questiona as causas do insucesso na alfabetização no país. A obra indaga sobre os motivos dos altos índices de analfabetismo e do desempenho insatisfatório nos primeiros anos do ensino fundamental, buscando entender a responsabilidade de educadores, métodos pedagógicos, materiais didáticos, instituições escolares e da sociedade como um todo. Nesse sentido, a autora oferece insights e provoca reflexões a respeito dessas questões. Dividido em três partes, o texto discute conceitos e práticas de alfabetização e letramento, culminando em uma seção que conecta teoria e prática sob uma ótica político-social.

SOARES, M. Letramento: um tema em três gêneros. 4. ed. São Paulo: Autêntica, 2007.

Esse livro é direcionado a quem tem interesse nas áreas de letramento e alfabetização, bem como nas habilidades e práticas sociais envolvidas na leitura e na escrita. Além disso, propõe uma análise discursiva sobre o modo como os textos são produzidos e lidos. O letramento é examinado por meio de três textos diferentes, criados em contextos variados e destinados a públicos distintos.

SOLÉ, I. Estratégias de leitura. Porto Alegre: Artmed, 1998.

Nessa obra, a autora destaca a complexidade da leitura, apresentando-a de maneira clara e acessível sob a luz do construtivismo, uma abordagem que vê a aprendizagem como um processo ativo de construção do conhecimento.

{

respostas

um

Atividades de autoavaliação

1. c
2. a
3. b
4. c
5. e

dois

Atividades de autoavaliação

1. b
2. a
3. d
4. e
5. b

três

Atividades de autoavaliação

1. e
2. b
3. c
4. d
5. a

quatro

Atividades de autoavaliação

1. c
2. b
3. e
4. d
5. a

cinco

Atividades de autoavaliação

1. e
2. d
3. c
4. b
5. a

seis

Atividades de autoavaliação

1. d
2. d
3. e
4. c
5. d

sobre o autor

❦ HÉLITON DIEGO LAU é doutor em Letras (2021) pela Universidade Federal do Paraná (UFPR); mestre em Linguagem, Identidade e Subjetividade (2016) pela Universidade Estadual de Ponta Grossa (UEPG); especialista em Educação Especial com Ênfase em Libras (2015) pelo Instituto Superior de Aprendizagem Multidisciplinar (Isam); graduado em Letras Inglês (2014) pela Universidade Estadual do Centro Oeste (Unicentro) e em Letras Português/Espanhol (2023) pela Universidade Cruzeiro do Sul. Atualmente, é pesquisador do grupo interinstitucional de pesquisa Estudos do Texto e do Discurso: Entrelaçamentos Teóricos e Analíticos (GPTD/Unicentro-UFPR/CNPq), integrante do Núcleo de Relações Étnico-Raciais, de Gênero e Sexualidade (Nuregs/UEPG) e do Núcleo de Estudos e Pesquisas sobre Diversidade Sexual (Nudisex/UEM/CNPq). Tem experiência na área de letras, com ênfase em linguística, atuando principalmente com os seguintes temas: análise de discurso, estudos de gênero, estudos culturais, teoria *queer*, linguística *queer* e Libras.

Impresso:
Setembro/2024